中国这么美的 **30** 个自治州

带一本书去

海西

曹建川 著

中国民族文化出版社

北京

高原的湖 蔡永生/摄

目录 | CONTENTS

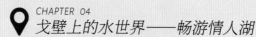

CHAPTER 05

探寻华夏文明之源——仰望昆仑山

CHAPTER 06

领略海西神韵——探秘博物馆

CHAPTER 07

德都蒙古——民族之花在绽放

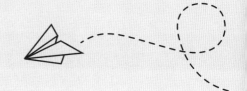

CHAPTER 12
一骑绝尘——近观海西工业领舞者

CHAPTER 13
物产也富饶——柴达木是祖国的聚宝盆

CHAPTER 14
吃在海西——来自柴达木的味觉

CHAPTER 15
泡汤文化——雪山下的温泉浴

后记

CHAPTER 01

金色的草原，德令哈

……谁在窗外流泪 / 流的我心碎

雨打窗听来这样的伤悲 / 刹那间拥抱你给我的美

尽管准备了千万种面对 / 谁曾想会这样心碎

谁在窗外流泪 / 流得我心碎

情路上一朵雨打的玫瑰 / 凋零在爱与恨的负累

就让痛与悲哀与伤化做雨水 / 随风飘飞……

　　这是当代音乐人刀郎献给青海高原德令哈小城的恋歌——《德令哈一夜》。

　　更确切地说，这是刀郎献给中国当代著名诗人海子的颂词。

放牧高原 蔡永生 / 摄

因为诗人海子的那首《日记》：

> 姐姐，今夜我在德令哈，夜色笼罩
>
> 姐姐，今夜我只有戈壁
>
> 草原尽头我两手空空
>
> 悲痛时握不住一颗泪滴
>
> 姐姐，今夜我在德令哈
>
> 这是雨水中一座荒凉的城
>
> ……
>
> 今夜我只有美丽的戈壁空空
>
> 姐姐，今夜我不关心人类，我只想你……

"我只想你"闪电般击中了行吟音乐诗人刀郎的心弦。

这是超越时空的两个诗人的情感呼应，因为伤和爱，而惺惺相惜。

有了诗和歌的加持，青海高原德令哈从荒寒的草原一夜醒来，带着浪漫的诗卷气息，走出雨水中的荒凉，走出高原，走向全国，走向世界。这实在是德令哈的荣幸（被诗人歌赋并不是每个城市都有的幸运）。

有了诗歌的引领，也因此，"高原诗城，浪漫之都"便成了当地政府对德令哈文化包装决策时的"优先事项"，也成为德令哈、海西州文旅建设的一张诗赐名片。

在互联网无障碍传播的世界里，德令哈被千百万旅游达人和诗情画意的网友，以及真正的诗人和歌者，以浓重的情感渲染，成为青藏高原一颗耀眼的明珠，成为有诗歌情怀和笃信"远方有诗"的族群，可以寄托情思，可以逐梦远方的"远方"。

德令哈，在海子思念的情诗里，意味绵长。

德令哈，在刀郎的深情弹唱里，情意缠绵。

这片土地位置重要

青海省海西蒙古族藏族自治州（以下简称海西州），位于青藏高原北部、青海省西部，北临甘肃，西接新疆，东与青海海南、海北藏族自治州相连，南与青海玉树、果洛藏族自治州毗邻。全州总面积 32.58 万平方千米，州域主体是柴达木盆地，面积 25.6 万平方千米，总人口约 47 万，是典型的高寒干燥大陆性气候区。

它是青藏高原的衢地，南通西藏，北达甘肃，西出新疆，处于青甘新藏四省区交汇的中心地带，也曾是通往西域的古"丝绸之路"南道。境内通疆涉藏光缆纵横，输油输气管道交错，铁路公路航空横贯，是连接西藏、新疆、甘肃的战略支撑点和祖国西部腹地的交通枢纽。

这片土地历史悠久

古为西羌地，吐谷浑曾在此建国。

历朝历代，它被中央王权有效辖制，未曾脱离中央王朝的视

柴达木电子地图

野。多民族在此定居，目前有汉、蒙古、藏、回、土、撒拉等
30个民族，团结奋斗，共同用汗水和智慧缔造着海西的民族之光。

　　海西州境内蒙古族是明崇祯十年（1637），居住在今新疆卫
拉特蒙古（即西蒙古）和硕特部，在其首领固始汗的率领下进入
青海海西；藏族于清咸丰八年（1858）入境驻牧。

　　1949年9月，青海解放。同年11月成立都兰县人民政府（驻
地察汗乌苏），辖境州全境，直隶青海省。1952年9月26日，
撤销都兰县，设立县级"都兰县蒙藏哈萨克族自治区"。1954
年1月25日，改建为专区级"海西蒙藏哈萨克族自治区"（驻
察汗乌苏）。1955年12月，更名为"海西蒙藏哈萨克族自治州"。
1985年5月，定名为"海西蒙古族藏族自治州"。1988年4月，
设立县级德令哈市。

目前，地区级建制的海西州共辖 3 个县级市、3 个县，分别是德令哈市、格尔木市、茫崖市，都兰县、乌兰县、天峻县，另有大柴旦行委管理着自治州直辖的柴旦镇、锡铁山镇。

海西州人民政府驻德令哈市民兴路 16 号。

这片土地文化灿烂

海，昨天刚刚退去。

亿万年前，柴达木盆地是一片汪洋大海，碧波荡漾。千万年前，因为欧、亚地理板块的激情相遇，喜马拉雅山被迫隆起，造就了这群山环绕、雪峰耸峙的柴达木盆地。

八百里瀚海，茫茫草原。这里是古西羌、吐谷浑、吐蕃和硕

金色草原德令哈 蔡永生 / 摄

特部落的牧地家园，也是驰名中外的唐蕃古道的组成部分。古丝路文明和丝路文化，让这里的地域文化厚重且灿烂。

岩石画廊，吐蕃墓群，已幻化成文学和影视世界《鬼吹灯》里的"九层妖塔"，构成柴达木盆地独特而神秘的文化景观。

和硕特蒙古文化即"德都蒙古"，在金色草原蓬勃绽放。

华夏民族"昆仑文化"被吹沙见金，正以独特的神传气质，吸引着海内外研究者的目光，令人迷幻沉醉。

还有正在凸显的当代高原工业文化，因为海西州丰富的矿藏和工业文明积淀，正独放异彩。

这片土地风景秀丽

大美青海，独特海西。

走进柴达木，便走进了奇山异水的神奇世界。

雄奇昆仑，以磅礴之势，横空在柴达木盆地南沿，构成一道绵延千里的天然屏障，被世人称之为"国山之父""龙脉之祖""亚洲之柱"，恩泽着柴达木的山山水水。

浩浩长江，是我国的第一条大河，发源于青海三江源，也是世界上最伟大、最壮丽的河流之一，全长约6380千米，一路奔腾向东海，孕育了瑰丽的长江文明，与黄河共担中华文明摇篮。

走世界最咸的路，看世间最蓝的水。

柴达木蒙语意为"广阔的盐泽"。其境内的盐湖——"天空之境"茶卡盐湖，享有"盐湖之王"的格尔木察尔汗盐湖，还有大柴旦和茫崖的"翡翠湖"，如翡似翠，如梦如幻，令人流连忘返。

德令哈的柏树山，都兰考肖图，诺木洪地区的贝壳山，既是研究海陆变迁的珍贵史料，又是柴达木盆地地理及自然奇观。

"地球上最像火星的地方"——冷湖雅丹"俄博梁魔鬼城"，已经成为冷湖"火星小镇"打造"科学、科普、科幻"的重要载体和科幻迷争相追捧的精神道场。

浩瀚的戈壁、沙漠、雪山、草原，以及独特的"水上雅丹""土星环""千佛崖""恶魔之眼"等地理奇观，无不深深地吸引着游人的眼眸，令人留恋不舍。

阿拉尔草原 卫建民／摄

自驾青藏天路去拉萨、打卡中国最美的国道 315（号称中国的 66 号公路）去帕米尔高原，在天降落差的 U 形处，弯一弯腰，挥一挥手，留下你终身翻阅的影像册⋯⋯

天下奇山异水，风景这边独好。

这片土地资源丰富

天赐聚宝盆，人间柴达木。

海西矿产资源富集，是举世闻名的聚宝盆。

现已发现矿产资源 86 种，产地 1050 处，探明储量的矿产57 种，矿产地 281 处，其中大型矿床 72 处，中型矿床 61 处。矿产资源的潜在价值约 16.27 万亿元，占青海省矿产资源潜在经济值总量的 95%。

主要矿产有石油、天然气、煤、湖盐、钾盐、硼、锂、镁盐、锶、溴、碘、芒硝、自然硫、铁、铅锌、金、银、钴、铜、石棉、石灰岩等，其中湖盐、钾盐、镁盐、锂、锶、石棉、芒硝、石灰岩矿藏储量居全国首位，溴、硼储量居全国第二位。

矿产资源具有储量大、品位高、类型全、分布集中、资源组合好等特点，特别是石油天然气资源、盐湖资源、有色金属资源、煤炭资源和石棉建材资源富集，已成为全州工业发展的重要支撑。

境内有野生动物 196 种，野生植物 400 余种，其中药用植物有枸杞、冬虫夏草、雪莲、锁阳、大黄、甘草、麻黄等。

柴达木的黑、红枸杞和高原藜麦闻名全国。

遇见海西州，照见柴达木。

网络畅通，世界再无边界；自驾天涯,眼前尽是坦途。

海西州柴达木，在地球的高纬度上已独孤成境，绝无参照；当寻常景观已经难以撩拨人们的体验感官和思绪联想时，那么，海西州，尤其柴达木将是你旅游的绝好地理向度!

去远方，憧憬着一场诗歌的浪漫和地理的奇观!

茫崖丹霞谷 卫建民 / 摄

CHAPTER 02

现代诗城——海子诗歌馆

夜幕下的海子诗歌馆 蔡永生/摄

姐姐，今夜我在德令哈，夜色笼罩

姐姐，我今夜只有戈壁

草原尽头我两手空空

悲痛时握不住一颗泪滴

姐姐，今夜我在德令哈

这是雨水中一座荒凉的城

除了那些路过的和居住的

德令哈……今夜

这是唯一的，最后的，抒情

这是唯一的，最后的，草原

夜幕下的巴音河 蔡永生 / 摄

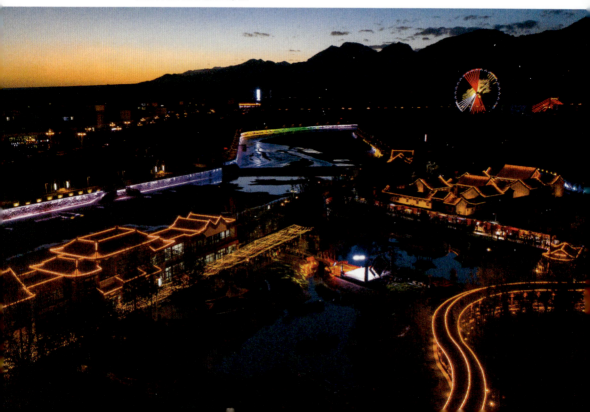

我把石头还给石头

让胜利得胜利

今夜青稞只属于他自己

一切都在生长

今夜我只有美丽的戈壁 空空

姐姐，今夜我不关心人类，我只想你

（时间：1988 年 6 月 27 日火车经德令哈）

一首诗，提升了一座城。

这是城的荣幸，也是诗的荣耀。

海子，一个时代的诗歌图腾

海子，原名查海生，当代诗人。

1964 年 3 月 24 日，他出生于安徽省怀宁县，在农村长大。1979 年 15 岁考上北京大学，就读于法律系。毕业后，就职北京中国政法大学任教师。1989 年 3 月 26 日，于山海关卧轨自杀，年仅 25 岁。

1982 年，在大学期间，海子开始诗歌创作。

1984 年，海子创作成名作《亚洲铜》和《阿尔的太阳》。从 1982 年至 1989 年不到 7 年的时间里，海子用超乎寻常的热情和勤奋，创作了近 200 万字的作品，出版了《土地》《海子、骆一禾作品集》《海子的诗》和《海子诗全编》等。

海子生平雕刻

在那个遥远的诗质的 20 世纪 80 年代，西川与海子、骆一禾并称为北大诗人"三剑客"。西川评价海子的诗歌："泥土的光明与黑暗，温情与严酷化作他生命的本质，化作他出类拔萃、简约、流畅又铿锵的诗歌语言，仿佛沉默的大地为了说话而一把抓住了他，把他变成了大地的嗓子。"

诗人骆一禾认为，海子不仅要写，还要像自己写的那样去生活，而且海子的诗已进入了可研究的行列。

对，这个文本可研究的诗人，随着时间的叠印，已经成为一代人和他之后众多诗人和诗歌爱好者的精神图腾。

因为，海子被不停吟诵和讴歌的一首诗，已经不可遗忘地生长在人类的记忆里，那便是《面朝大海，春暖花开》——

> 从明天起，做一个幸福的人
>
> 喂马，劈柴，周游世界
>
> 从明天起，关心粮食和蔬菜
>
> 我有一所房子，面朝大海，春暖花开
>
> 从明天起，和每一个亲人通信
>
> 告诉他们我的幸福
>
> 那幸福的闪电告诉我的
>
> 我将告诉每一个人
>
> 给每一条河每一座山取一个温暖的名字
>
> 陌生人，我也为你祝福
>
> 愿你有一个灿烂的前程
>
> 愿你有情人终成眷属
>
> 愿你在尘世获得幸福
>
> 我只愿面朝大海，春暖花开

海子在高原的精神驿站

1988 年的夏天，大学放暑假，身为大学老师的海子，面朝西部，开始他的第三次西部游历。前两次，他走过了甘肃和青海，为西部大地留下了经典诗篇。而这一次，他要走得更远。他的远方是西藏拉萨，而德令哈，只是他的过站。

当然，这世上从来就没有毫无目的的行走，正如也从来没有毫无意义的人生一样，从后来海子刻意留下的诗篇以及暗潜于文学江湖的种种传说，他此次的西部远行被屡屡指证，就是关于秘密的爱情。

至于这首《姐姐，今夜我在德令哈》是否构成真实的指认，不得而知；是否只是一种内心情绪的假借和写意，也不得而知。

海子的《姐姐，今夜我在德令哈》能构成一座河岸大院，能成为一座城市名片，能日久弥新、不厌其烦地被消费、被怀念、被讴歌，还是因为海子诗歌本身的品质，他属于那种走得越远、脚步声却越近、身影也越清晰的那类诗人。这样的诗人，是人类不可多得的"文曲星"，是文化瑰宝，甚至是一个族群、一个民族的骄傲——即便物质时代的国人很难将一个诗人高高举起进行膜拜，但诗人海子，还是得到了相当有品有格的尊重，这已经非常难得。

很心疼他的离去，但似乎，他离去那个时间还算春秋平安。

很心疼他的离去，因为爱情，他还没有得到人间情谊挚爱。

按照我这个晚生于海子一个时代的人来说，他离去时还是个孩子的年纪，仅仅 25 岁。当然，天才从不以年龄而论，也许，正因为在人间的短暂，他才愈加被珍惜，被挚爱，被尊重和被典藏。

更多的人因为生命线太长，留给人间的只是一团凌乱。

是的，对一座诗歌庙宇的膜拜，首先要深入到海子诗歌世界的里边，最好购买一本比砖头还厚的《海子诗歌全集》，最好是精装版，厚重、实在，沐浴、燃香，静读和体味，之后，再将目光放远——

　　到青海高原，到海西州，到德令哈，在那座忧郁小城的巴音河畔，有一座木廊白墙和黑瓦飞檐的建筑物，它，已经成为海子诗迷的圣殿。

　　因为这首《姐姐，今夜我在德令哈》，我们来到德令哈巴音河岸。

　　海子诗歌陈列馆门前，有一条从来没有通过火车的火车铁轨。当然这不是专门为海子而建的，也不是刻意对海子生命的暗示。铁轨已经生锈，宛若血祭。一个惊诧，一个恍惚，似乎海子在铁轨的远方悄然出现，正欲转过身来——

海子诗歌陈列馆和诗歌碑林

　　从铁轨上移开沉重的目光，沿着"姐姐，今夜我在德令哈"的门牌指示，海子诗歌陈列馆那扇大门不敲自开。

　　大门上是中国当代著名诗人吉狄马加题写的门联：

　　　　云卷云舒旅客再游巴音河
　　　　花开花落诗人又吟德令哈

　　这座诗歌陈列馆为"尺"字结构，东西两个朝向。
　　正门朝西，后门朝东。东门临巴音河。
　　门迎处有年轻的工作人员在座，有问还答。

海子诗歌陈列馆 非我 / 摄

　　陈列馆内都是图文介绍，海子生平背板，放大的老照片，海子诗文橱窗陈列，还有当代来自世界各地的诗人们对海子的颂词，他们音容俱在，算是对孤独的海子的情感加持。文物史料不算多，但足以支撑年仅 25 岁诗龄 7 年的海子的丰富人生。

　　陈列馆内，展示了海子的生平资料，创作手稿原件及影印件，海子诗歌作品集，特别是一些创作手稿，弥足珍贵。还陈列有海子自孩童时代起的为数不多的照片，在那个照相机并不普及的年代，海子的照片从孩童到青年，寥寥数张，但也真实反映了海子成长的样貌。

　　陈列馆还收集了海子同时代中国诗人的影像和作品，诸如北岛、顾城、舒婷、西川等，有了他们的陪伴，一个时代的诗质就发出耀眼的光芒。

　　陈列馆还陈列有连续举办了六届的海子诗歌节的活动照片，

诗人荟萃，盛况热烈，每一届都留下了与会盛况的作品专辑，也见证了海子在同时代的感召力和超越时代的影响力。

陈列馆布局颇具匠心，既有平面的资料展示，也有影音立体展示，让游客多维感受一个诗人的魅力，特别是主展厅中心一面由巨大的黑色大理石做成的波浪翻涌的大海设计，契合了"面朝大海，春暖花开"的意境，还有悬空的诗人头像组成的螺旋式影像吊灯，也别开生面。

总之，在这里，你会面见一个完整的海子以及海子那个诗歌的时代。在此，不一一赘述，请游客自己慢慢品味。

室内陈列馆不算大，但室外的诗歌碑林陈列，也是陈列馆的一部分。看完室内陈列馆，东向出后门。后门上也一副门联，刻在木头，施以绿漆。依旧是吉狄马加先生题写的手迹：

几个人尘世结缘
一首诗天堂花开

此时是夏季，巴音河绿意深厚。

这时候，沿诗歌馆东大门走下15级花岗岩台阶，迎接你的就是隐于河岸树林里的海子诗歌碑林，很有必要一碑一碑读过去，带着刚刚走出陈列馆的还未曾沉淀的飞翔心绪，用目光轻轻拨开繁花茂草，一块块天然的红的、白的或黑的，被斧凿修饰的或天然带着棱角的花岗岩，带着被镂刻的酱汁饱满的诗歌，映入眼帘。

心头默数，这里厚植有四五十块诗碑，似乎还在逐年增加。

诗歌碑林刻有海子耳熟能详的诗歌名篇：

《黑夜的献诗》：

黑夜从大地上升起

遮住了光明的天空

丰收后荒凉的大地

黑夜从你的内部升起……

《黎明》：

我把天空和大地打扫干干净净

归还一个陌不相识的人

我寂寞地等。我阴沉地等

二月的雪，二月的雨……

《十四行 王冠》：

我所热爱的少女

河流的少女

头发变成了树叶

两臂变成了树干

你既然不能做我的妻子

你一定要成为我的王冠……

《五月的麦地》：

全世界的兄弟们

要在麦地里拥抱

东方南方，北方和西方

麦地里的四兄弟，好兄弟……

《亚洲铜》：

亚洲铜，亚洲铜

爱怀疑和飞翔的是鸟

淹没一切的是海水

你的主人却是青草

住在自己细小的腰上

守住野花的手掌和秘密……

《九月》：

目击众神死亡的草原上野花一片

远在远方的风比远方更远

我的琴声呜咽 泪水全无

我把这远方的远归还草原

一个叫木头 一个叫马尾

我的琴声呜咽 泪水全无

远方只有在死亡中凝聚野花一片

明月如镜 高悬草原 映照千年岁月

我的琴声呜咽 泪水全无

只身打马过草原

《九月》这首诗已经被谱成经典歌曲在传唱，特别是马头琴开启的草原韵味，苍茫而悲凉，令人神思悠远。

诗人头像组成的螺旋式影像吊灯 非我/摄

诗歌碑林里还有很多诗歌名家的助阵。

比如：闻一多的《发现》，郭沫若的《水调歌头·归途》，吉狄马加的《感恩大地》，何其芳的《生活是多么广阔》，艾青的《我爱这土地》，徐志摩的《再别康桥》，昌耀的《柴达木》。这些著名的当代诗人的名篇加持，为巴音河畔诗歌林增添了厚度和广度。

卧夫，海子忠实的粉丝

在诗歌碑林里，居然出现"卧夫"的名字。

这是一个给海子修墓并自觉沿着海子脚步前行的诗人。

卧夫曾说："我喜欢海子。我对海子的喜欢，甚至超过了我对我自身的喜欢。"

从 2008 年开始，他每年去安徽看望海子的家人，送去几千元钱；海子的父母、弟弟来北京，通常卧夫负责接送。他告诉别人，他正在重走海子生前走过的足迹。

诗歌碑林设计者没有忘记卧夫，收藏了他的一首诗，这是碑林建设者的诗心仁厚。诗歌界周知，卧夫是海子忠贞的粉丝，2014 年 4 月，他选择在北京的大山里，孤独绝食而别人间。

也许因为爱情，也许因为诗，也许还因为别的。

这个"初始为人、异化成狗、落荒成狼"的卧夫，被碑刻入林的诗名叫《最后一分钟》：

> 我没等完最后一分钟
>
> 就把门锁上了
>
> 窗外的树在雪里并没有说冷不冷
>
> 今后我想把阴影省着点用
>
> 我想把灯关了

不得不说，海西州及德令哈政府的诗歌见解和诗情表达，是令人尊敬的。他们不纯粹为了文旅视觉，当然，他们也少不了文旅视觉，也少不了 GDP 心思，这都在情在理。从他们以不菲的财力、物力和精力，全力打造诗歌馆和举办全国性的海子诗歌节，我们就理当敬意。

首届海子诗歌节于 2012 年 8 月 8 日在巴音河岸海子诗歌陈

最后一分钟碑刻 非我 / 摄

列馆成功举办，截止 2023 年已举办六届，影响深远。

海子诗歌陈列馆接待游客上百万人次。

海子被诗学和时代指认

看罢海子诗歌馆,走过海子曾经走过并留下诗歌名篇的土地,作为一个文学或诗歌爱好者，就很有必要通过激越的精神碰撞,对海子和海子诗歌建立起相对专业的认知。

那么，我们最好邀请海子同时代"北大诗歌三剑客"之一的西川出场，他的诗歌成就和诗学见识及诗歌世界性视野，担当海子的诗评人是恰当的。

西川先生有北方燕赵汉子的高大身材，拢了拢凌乱而花白的过耳长发，用很沉稳的语调，不紧不慢地发声道：

诗人海子的死，将成为我们这个时代的神话之一。

对于我们，海子是一个天才，而对于他自己，则他永远是一个孤独的"王"，一个"物质的短暂情人"，一个"乡村知识分子"。

西川认为海子有一首诗写得非常好，这首诗叫作《黑夜的献诗——献给黑夜的女儿》：

黑夜从大地上升起

遮住了光明的天空

丰收后荒凉的大地

黑夜从你内部升起

你从远方来，我到远方去

遥远的路程经过这里

天空一无所有

为何给我安慰

丰收之后荒凉的大地

人们取走了一年的收成

取走了粮食骑走了马

留在地里的人，埋得很深

草叉闪闪发亮，稻草堆在火上

稻谷堆在黑暗的谷仓

谷仓中太黑暗，太寂静，太丰收

也太荒凉，我在丰收中看到了阎王的眼睛

黑雨滴一样的鸟群

从黄昏飞入黑夜

黑夜一无所有

为何给我安慰

走在路上

放声歌唱

大风刮过山岗

上面是无边的天空

西川固执地指认《黑夜的献诗——献给黑夜的女儿》从诗的修辞，从诗的结构，从诗歌所造成的势的角度看，这是一首非常非常好的诗。

走过海子诗歌碑林，假若你情感起伏依然在线的话，你还可以轻声吟唱那首《九月》：

目击众神死亡的草原上野花一片

远在远方的风比远方更远……

28

诗人西川

CHAPTER 03

德令哈的后花园——
拜谒柏树山

夕照高原 蔡永生/摄

将一座山赐予一座城，是这座城的幸运。

柏树山之于德令哈，就是如此。

有人说，山是城的魂魄，这是精神象征的；柏树山不仅给德令哈添加了精神魂魄，而且对于戈壁瀚海中的城市来说，柏树山还是德令哈私藏的后花园。大山深处无语的秘笈，德令哈人深受恩典。

在德令哈，向游客发出一座山的邀请，可见其珍贵。

柏树山，祁连的子民

柏树山，隆起于海西大地。

追根溯源，这座山是祁连山脉广阔山系的一部分。

祁连山是中国西部的大山，也是青海柴达木盆地"三山围盆"

柏树山景区 非我/摄

即昆仑山、阿尔金山和祁连山的盆沿山之一。没有它，柴达木盆沿就豁了口，就难以成盆。

祁连山也是甘肃和青海的界山，在河西走廊间隔着青海高原，一路逶迤上千千米，它守护着青海，也支撑着青海高原，不离不弃，直到在河西走廊的尽头，在甘肃酒泉阿克塞县的当金山口，才与阿尔金山兄弟般相揖作别，拍肩送远。

祁连山脉位于中国青海省东北部与甘肃省西部边境，由多条西北—东南走向的平行山脉和宽谷组成。因位于河西走廊南侧，又名南山。东西长 800 千米，南北宽 200~400 千米，海拔4000～6000 米，共有冰川 3306 条，面积约 2062 平方千米。

所以，祁连山之于甘肃和青海，从来都是一家人。

当然，在青海德令哈一抬头，看见一座山居然被指认"姓氏祁连"，除稍有情感错位、大脑不适之外，若经过地理科普，再在脑海里凌空一下西部这片高地，视野宏阔了，也就再不觉得突兀。

因此，你的脑海里也便有了雄阔的西部河山这样的概念。

祁连山长 800 千米，属褶皱断块山，最宽处在酒泉市与柴达木盆地之间，达 300 千米。山系众多，自北而南，包括大雪山、托来山、托来南山、野马南山、疏勒南山、党河南山、土尔根达坂山、柴达木山和宗务隆山。柏树山是其中之一。

祁连山山峰众多，终年积雪，雪峰瓦蓝，宛若仙境。

祁连山没有将甘肃和青海分出彼此，都是近亲血缘。

所以，祁连大山里的风景，就是闻名全国的户外探险地——

哈拉湖，既可以从甘肃酒泉进青海德令哈从柏树山出，也可以从青海德令哈柏树山进从甘肃酒泉出，进出都有道。

山有山貌，水有水容。

柏树山，气势庄严。

因为山系的成因、发育以及地理、气候的各不相同，山便各有山貌，千姿各异。内地的山，都华彩锦绣，决然地在大地上拔地而起，隆起成峰。山上植被丰富，万千生态。这是内地的山。

而西北的山，多是大山，山系纵横，逶迤延绵，一伸腰就是数百上千千米。比如昆仑山、阿尔金山、祁连山，还有天山、秦岭等。

高原之春 蔡永生／摄

这些大山遮天蔽日，要么垄断一个气候带，要么掖藏着几个省，百里为步，千里奔赴，撑开了西部雄阔的天和地，让高天恣意流云，令人坦荡、心旷神怡。

柏树山，依靠祁连的雄浑，所以气势庄严。

因为，它是大山的派系，高天的子民。

柏树山容貌奇异，也有人形容它是中国的黄石公园。

黄石公园在美国。黄石公园那种形态，苍莽、雄奇而悲情，来自远古，带着生命极致的恐慌情绪，一下子攫取人心，成为一种物语（亦或山语），成为一种人文，便永远抹擦不去。

柏树山，也有类似黄石公园的独特物语。

它苍茫雄奇，幽静远古，气象非凡。

进山首拜固始汗

从德令哈上山，公路两旁是人工种植的绿化带，杨树、红柳、柽柳、梭梭等植物，艰难地维护着这条进山大道的路容。其实，裸露着也没有那么惨烈，在西北来说，那是最自然的样貌，苍茫而雄浑。

一闪而过，路上是汽车，羊群，还有马匹。

突然，一座人造的巍然如山的雕塑群，矗立在眼前。

这便是16世纪从新疆回溯青海高原的和硕特蒙古的带路人，青海高原和硕特蒙古的精神领袖和政治领袖——固始汗。

固始汗，因人而神，出生于1582年，卒于1655年。

固始汗的姓氏是孛儿只斤氏，他是成吉思汗之弟合撒儿 19 世孙，原名叫做孛儿只斤·图鲁拜琥，是 17 世纪中期卫拉特蒙古和硕特部首领，西藏军事领袖，并将当时内蒙、新疆的部分蒙古族牧民迁徙到青海草原，建立牧业基础。是海西州蒙古族的先祖。固始汗因此被写入了史册也是历史的当然，他也成为"德都蒙古"的代表性人物。

赞美他，在德令哈这片草原，是必然的。

纪念他，对海西州这片高原，是必要的。

以石具象，用石抒情。

世界最大的固始汗主题雕像，于 2014 年 8 月在德令哈市落成。

固始汗主题雕像高 7.9 米，总长 35.9 米，重达 2400 吨，由 209 块花岗岩组成，耗时两年完成。

雕塑中央为固始汗站立像，顶天立地，气吞天宇，威仪四方。

雕塑两侧以图画叙事形式记录固始汗的丰功伟绩，表现了他一生的五件大事：威名远播；获称国师；率部入青；位尊法王；清廷册封。

他的每一个人生主题，都是用可视化的雕塑形式凝练和升华。整个雕塑主题明确，构思严谨，叙事清楚，技艺精湛，人物传神，具有很高的艺术审美和历史再现。从这些雕塑表现上，我们能领略固始汗时期的文治武功，特别在冷兵器时代，弯弓和长矛是最直接的抒情工具，箭镞抵达的地方，就是真理。刀光剑影安顿后，大地才会安详。

于是，在武力的张驰之下——

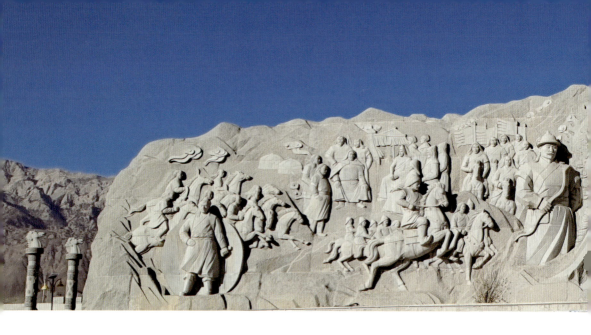

　　可以看见雕塑背面浮雕及左右两侧，要么以特写，要么以大写意的表现形式，表现了固始汗时期蒙藏人民劳动、歌舞、生活、文化、宗教等方方面面和谐安康的生活场景，一幅幅生动和谐的画卷充分体现了高原人民的美好生活。

　　劳动人民企求的生活安康，从来都不是天愿神赐，而是特殊时代里特定人物特殊意志的坚定表达。那是划时代的伟人，因人而神，他们成为史记和传说，随着凡身远去，反而抽象成一种象征。

　　人类思想史里的神们，无不如此。

　　告别庞大巍然的固始汗雕塑群，眼睛里被填满的只有柏树山，却忽略了公路两边被铁丝网包围的生态公园。说是生态，主要是公园里栽种了多种高原植物，杨树、红柳、芨芨草，以及一些野生的花草，并人为地竖立了高大的民族风情的大理石雕塑，呈现了少数民族生活及歌舞场景，以及骆驼、羊群等。

　　雕塑丛生于大地，和谐美好，相得益彰。

　　那些民族风情石雕分散在进入柏树山德都蒙古文化原生态旅

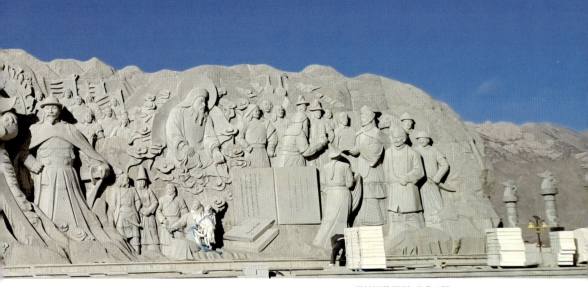

固始汗雕塑群 非我 / 摄

游区道路两边三四千米的荒原上。应该说，这是中国绝无仅有的高山艺术作品。

柏树山深处有洞天

车头一直向上，绕到半山腰，迎来第一个停车打卡点。

在这里，可以俯瞰德令哈全景。

这里，是一个山垭，也是一个风口。

柏树山里的风，在一条蜿蜒的河谷里跌宕起伏往外冲；山外的风，也往山谷里边灌。于是，风锁柏树山，你会以紧迫的呼吸来感受。

站在人工铺设的红色栈道上，德令哈倏地远去，在手机镜头里，它几乎变得若隐若无，成为茫茫戈壁上一抹绿，些许人造建筑的影。直接感受是，你抛弃了城市的喧嚣，你贴近了大山的寂静。

一扭头，就真正进入了柏树山的深处。

这时，你才会感受到，无论在远方（在山脚下）还是在无人机的视觉里，你看到的都只是一个点、一个面，一个局部。我们的进入，也只是进入了局部，而不是全部。柏树山的全部，你无法进入。

柏树山的全部，是大山自己的，是它雄阔的秘密。

山高水长，一条水，不，是无数条水，在大山里恣意地奔走和联欢，以一日千里或者一日十米、百米的速度，切割了大山的土壤和岩石，切出深涧或峡谷，再聚流成河，一路欢歌向山外。也或者说，这些水能摆脱大山，靠的不是速度，而是韧劲，在与时间天长日久的较量中，大山俯首。

那条水，歌唱出浪花，在身旁绝唱。

在水的边沿，是岸。

在岸的边沿，是草坡，或者草场。视野里看不到草原。在柏树山上之深，或者祁连山之远，一定有草原，只是它们在视野之外。它们，在远方，越野车的决意远行才能抵达。

在草坡或草场上，有草，那些低矮的密植如针毡的草；有花朵，那些矮小的花茎只有手指长短，它们劲道十足地举着笑意盈盈的花朵，面朝太阳，或红或黄，或蓝或紫，都是自己理想的颜色。

草是绿的，花朵是五彩的，它们热烈地朝着太阳微笑。

草坡上有人，和人们扎下的五彩帐篷。

柏树山无法拒绝，它有宽容的情怀和包容的胸怀。

那些在城市里为生活所累的人们，情人、朋友、同事，一家老小，或三五好友，将车歪歪斜斜靠在任意一个能落轮的地方，

遒劲沧桑 非我 / 摄

祁连山最后一滴眼泪——哈拉湖 蔡永生 / 摄

当然最好是在水花作浪的溪流边，对着蓝天白云，扎下一色的或者五彩的帐篷，支起小桌，架起烧烤炉，摆开洒脱放纵于山野的架势。

天地之间，人不能缺失。

美丽景色，最适合抒情。

于是，歌声——那没有伴奏的清唱，在酒精的刺激下，嗓门大开。

于是，舞蹈——那没有经过专业训练的手舞足蹈，在恣意旋转。

于是，蜿蜒的水流将人们的欢声笑语捎带出了草场，出了大山。

于是，柏树山的深处，只留下欢乐。

那是人世间最美的抒情，无须文字转述成诗。

草坡之上，还有蒙古包。虽然商业气息浓厚了一点，但只要你愿意，你就会尽情享受到一座大山关于清凉夏天的舌尖慰藉。

蒙古包或大或小，或连成排，或圈成院，统统的被打扮得花枝招展，彩旗猎猎，彩带飘飘。高耸的烟囱里，是牛粪在火焰的威逼下吐出的深呼吸，它们叫炊烟袅袅。

环顾大山，随路而蜿蜒的山左山右，都是这人间浓郁的诱惑。

其实，只要价格合理，不需要那些穿着蒙古袍的美女们眼眸流盼和恳切言词，你都应该放下戒备，绝不会拒绝这海拔四千米之上的蒙古风情宴会。这是不可抵挡的人间诱惑。

柏树山风光 蔡永生／摄

悠闲觅食 蔡永生／摄

柏树山的石头

出了蒙古包，就真切地看见了那类似美国"黄石公园"的山景。

在这里，可以白描，可以粉饰，还可以抒情，面对这苍岩突兀、巉岩峻峭，文字将是浅薄而干涩的，没有质感。

但也必须使用修饰词，才能浅表地呈现。

其实，经过观察得知，这些大山一边是裸露的冷峻岩石，或凸或凹，或结队成群，或势单力薄，它们的表面不挂一寸薄土，光溜溜赤裸裸的，不沾一丝一毫草木牵挂，裸得干脆，裸得彻底。而大山的另一面，也就是背阴面，雪线之下，涵养了水土，草木茂盛，鲜花盛开，黑压压的植被呈阶梯状垂直分布，乔木、灌木、荆棘、花草、地衣，层次分明，生态各异，扑眼而来。在诧异之后，你会惊叹这种大自然的天然和天意，胜过鬼斧神工，一山两面，阴阳为界，两个极端，绝不含糊！

这就是柏树山的独特格调，一座大山的精气神！

柏树山的岩柏

柏树山主打的风景，就是树。

这时，你在惊诧山岩奇异的时候，其实也早就关注了树。

这是祁连大山深处的柏树，又称青海岩柏，其性格顽强，抗寒耐旱，不论在砾石堆中，还是在峭壁岩层，它都能生长，甚至茁壮成长。柏林中，还有被称为"国宝"的青海云杉，这种白垩纪时代的古老物种，高大苍郁，年龄长达四五百年，它和水杉、银杏一样来自远古，是一种珍贵的"活化石"植物。

它们远道而来，数百、上千乃至万年。

仅仅从一棵树，就能望见一条时间竖状的长河。

它们长于山阴，紧紧地抓住峻岩上那些浅薄的泥土或石屑，深深地扎下自己生命的根须，然后，迎着山巅上的狂风和电闪雷鸣，坚强而又坚韧地抗住命运的千般折磨万般蹂躏，一直活到我们的眼前。每一种生命都是时间的雕塑，乃至于它们在我的眼前，都是疲惫的模样，苍老，虬劲，残枝断桠，衰败却又顽强。

它们磅礴的生命气象能将人逼迫成尘埃一样渺小。在它们面前，人世间的王侯将相、恩恩怨怨、爱恨情仇，即使曾经多么的

迎风傲雪的柏树 蔡永生／摄

威风庄严、山盟海誓和藕断丝连，也显得是那么淡泊、短暂，不值一提啊。

它们，要么一棵，独自成景。

它们，要么一群，蔚然成林。

它们，一棵或者一群，都活出了精神！

柏树山之江山如此多娇

江山如此多娇，是一个景点。

盘山公路被大山阻挡，路分两边，竖了一个指示牌——

往左：千年古柏园。

往右：哈拉湖。

往右去哈拉湖的方向，也是"江山如此多娇"的打卡处。

路形崎岖，但路面刚做了修整，虽然不是坦途，但也没有想象中的大坑小洼。在这条路的尽头，就是探险者偷渡的乐园——哈拉湖。哈拉湖一度是开放的，一度时间又被关闭，开与关，主要看天时地利与人和。

一而再将目光紧锁在柏树山深处的绝崖之上，为每一棵每一片百年千年古柏默礼之后，突然车头一昂，停在一处山坡上。

停车处是一块石岩。路边支棱起一块指示牌：江山如此多娇。

往对面大山一堵巨大的裸岩上细看，终于看见巨岩上有巨大的石刻，只因为风吹日晒，石刻鲜红的油漆有些脱色，但也看得出那几个线条飞扬、气势磅礴的毛体大字：江山如此多娇！

江山如此多娇 非我 / 摄

秘境哈拉湖 蔡永生 / 摄

　　那个激情燃烧的年代，斗志昂扬的人们习惯在大好河山处镂刻那种飞扬的语录，那是一种立场，一种思想，也是一种情绪。再细看，确实那面石岩匹配那几个大字——江山无语，确实又如此多娇。

　　它们山河共情，相得益彰。

柏树山之古柏园

　　打卡古柏园，车回到半道路牌左右分向的指示牌处，向左！

　　古柏园是一块斜坡地，背倚着岩石裸露的大山。大山的阴面雪线之下的缝隙里，顽强地生长着岩柏。那些岩柏长成风的模样，或者被风雕刻成年轮的模样，有的残肢，有的断臂，有的盘虬低首，有的孤傲问天，姿势各异，但都展露出顽强的生命气势。

　　古柏园里集中了成千上万棵苍劲的老柏树。有的枝丫浓绿，生命泼洒，有的枯枝横陈，气象破败。凭肉眼判断树龄，有的一两百年，有的三五百年，在山崖上也有的更久远，长达上千年。它们都来自远古，见证了柏树山的历史，也见证了岁月的苍茫。

　　看树，就是看人，也是看世间百态，心里总想发问：这是谁种植的呢？也许最好的回答就是：他们来自上天！

　　不可否认，它们也历经了砍伐，世世代代，人与自然争锋，凋敝的只能是大自然。它们有幸活到现在，已然作为风景，并有可能活到未来，只能说它们是幸运的！

　　柏树山，高原人的身心寄托地！

柏树山古柏园 蔡永生 / 摄

历经沧桑的柏树 蔡永生 / 摄

CHAPTER 04

戈壁上的水世界——
畅游情人湖

情人湖 蔡永生 / 摄

理论上，这是一片跟水绝缘的土地，与水无关。

青海省海西州乃西北内陆，瀚海戈壁连荒漠，先天决定它水性不扬。这片被上帝用干渴诅咒了的土地，它本身就是"死亡之海"，是水的"绝命符"。

自古以来，水的故事在瀚海戈壁，比黄金还沉重。

但，这也吓退不了那些胸中有梦的人们，他们的理想永远高于水平面，也能在荒野写下关于水的不朽传奇……

巴音河——德令哈的母亲河

一座城没有山，就没有精神，若没有水，就没有神韵。

德令哈既有山也有水。山，叫柏树山；水，叫巴音河。

人们称巴音河是德令哈的"母亲河"。这种亲切的情感归位，是对一条河最高的敬意。他们还把德令哈市文联主办的一个文学刊物，也定名为《巴音河》。巴音河，既活在他们眼前，也活在他们的精神里。

巴音河，蒙古语意为"幸福的河"。

巴音河纵贯德令哈市区，是其境内最大的河流。她源出祁连山系哈尔拜山南坡，流经泽令沟、尕海、戈壁等地，最后注入克鲁克湖，全程200余千米，沿途深受其润泽。

德令哈市地表水资源主要来自巴音河。

市区上游已建的黑石山水库，是一座以灌溉防洪为主，兼有发电、旅游、水产养殖等综合效益的中型水利枢纽工程，总库容 3664 万立方米，控制灌溉面积约 17 万亩，水库电站装机 3×1000 千瓦。

来自祁连山冰雪的恩泽，巴音河承载着天地雨露，润泽着这片焦渴的戈壁，让大地披绿，让草原吐蕊，让万物生长，无私地养育着世代居住在这里的各族人民，正是她的存在才使这座戈壁之城有了活力。

当然，观赏一条河的容颜最好的视角，还是在岸边。

在夏天，德令哈的夜晚不会跟内地一样燥热不安，因为高原昼夜温差大，也因为高海拔的通透，还因为这条河的流动，水汽在空气里氤氲，所以，德令哈之夜，将是游客最难忘的清爽。

这份凉意无处不在，德令哈的宾馆和酒店，基本都不用装空调。

诗韵巴音河 蔡永生／摄

若有空调，那也是在冬季加热使用的。

戈壁上空的太阳刚刚落幕，晚霞染红德令哈的夜空。此时，你该从酒店和宾馆出发了。最好是步行，无论你住在河东，还是河西，那都不过是十来分钟的路程。

一路上，你会发现很多人，他们都是向着巴音河在行进。

而此时巴音河两岸，人造的七彩灯带在闪烁，那魅惑的光将一条河妆扮得婉约而富有动感。远处巨大的摩天轮，旋转着巨大的光轮，变换着七彩的光谱，成为一条河的焦点。

河岸高悬，大理石、花岗岩砌出的河岸线逶迤流畅。

两人成对，三五成群，或家人或好友，信步河边，可以说笑，可以歌唱，也可以静默，这都是对一条河的态度——松弛而自由。

此时，河是他们的风景，而他们，也是一条河的风景。

这份德令哈之夜的静美，值得你流连忘返，成为终生的记忆——特别是当你刚从巴音河畔的"海子诗歌陈列馆"出来的话，你在树林里，在花丛中，会看见一块块高大的诗歌碑刻，你听着巴音河潺潺的流水声，再静静地一块碑一块碑看过去，你既能领略海子的经典名诗，也能欣赏当代中国著名诗人的诗碑。

在诗歌的修辞里，巴音河更加得体。

金子海——德令哈的荒野水趣

走过巴音河，走出德令哈，去看海。

出城，向东，在德令哈草原上，静默着一泊蓝色的湖水，它的名字叫——金子海。

当然，那泊蓝色的水绝对没有海的规模，就当作人们对戈壁上水的美称吧。还听说，水里产金子，顾名思义金子海。当然，这只是传说。

金子海距离德令哈车程一个多小时，最好自驾而去，带着天性爱水的孩子，也可以带着家人，或者伴着三五好友。去看蓝天，去以身涉水，去畅快地享受大自然在戈壁上给予的水的恩赐。

金子海还没有被完全商业开发，不收门票，还在"野性"的状态，汽车不能随意进入，人可进出自由。在这里，可以享受天然的水趣。

金子海面积 0.45 平方千米，从湖边叉出两条河流，向东南和西南方向输送的清泉常年流淌，湖的西部和西北部为沙漠，湖的东部和东南部被 2 米多高的芦苇所环绕，近湖地段有近百米宽的草带湿地。

水光天色，碧水荡漾。

海沙细腻，鱼鸟欢唱。

其实，金子海蒙古语意为"阿拉腾布拉格"，意为金泉流成的海子，当地人直接把它叫海子，为了美名流传，故称金子海。

金子海的水来自地下潜水。在芦苇丛和沼泽内，你会发现有很多泉眼，泉水汩汩汇聚成湖，涵养了金子海，也滋生了这片草地。湖心墨绿，深不可测。湖底怪石嶙峋，长满了葱郁水草，水草摇曳，湖水海天一色，如梦如幻。这里是度假胜地。夏季周末，人们便在湖边扎营度假，欢歌笑语，一派祥和。

也许你会发问，在这片寸草不生的沙漠中，怎会出现这偌大的一个湖泊，还以"金子"命名。当然这有一个传说：

相传，成吉思汗西征经过此地，人困马乏，干渴难耐，无力行军。成吉思汗看看地势，从沙漠边向南走了100步，拿出金碗，挖沙深埋后，面朝东方祈祷，祈求恩赐泉水。果然，金碗里慢慢地涌出清水，水越流越多，最后泉海成湖，挽救了千军万马。自此，这个湖泊长存，这片草原长绿，牛羊成群，人烟生息。

神话里总是长满人类意志的风景。

而瀚海里蓦然一泊圣水，又宛若神话。

如今，金子海在夏秋季节，波光粼粼，鱼儿在湖面上跳跃，湖边有成群的鸟儿在嬉戏，充满一种恬静闲适的乐趣。春天一群群黄鸭和海鸥在这里繁衍生息，秋天大雁在这里暂宿，雁群有时铺天盖地，遮地蔽日。冬春季节湖水冰封，冻裂之时似有水牛哞叫，神奇莫测。

在此滑沙、垂钓、戏水，均令人怡然自得。

可鲁克湖和托素湖——德令哈的爱情湖

走出德令哈，向西，去看湖。

距离德令哈50多千米一片名叫怀头他拉的草原上，有两个一大一小、美丽恬静的湖泊，名叫可鲁克湖和托素湖。它们就像是两面闪亮的巨大宝镜，镶嵌在浩瀚的戈壁、茫茫的草原之间。

这两个心心相连、比肩而存的湖，又被称为"褡裢湖"，因为两个湖地理成因各异，所以湖水一咸一淡。它们的咸淡来自天

爱情湖 乌席勒 / 摄

命，所以它们还被称为"爱情湖"。对，这也是一片饱含爱的水。

虽然很多地方都会给一座山一片水镶嵌一个神话或者一个爱情传说去增添它的神秘性，吸引人的脚步，或者更好地让游客记住这片山水，这也不为过，予山水以人文情感嘛。但德令哈的这两个湖，确实不一般，值得一去。不仅仅是当地人也给它镶嵌了一个爱情故事，还因为，它自身的秀丽美景，也值得你流连忘返。

它是瀚海戈壁里一个灿烂的水世界。

淡水湖——可鲁克湖

"可鲁克"是蒙古语，意思是"多草的芨芨滩、水草茂美的地方"。她位于柴达木盆地的东部，德令哈市西南角，属于微咸性淡水湖，水色清澈、湖面平静，景色绮丽旖旎。

可鲁克湖，面积有 57 平方千米。从地理成因上说，可鲁克湖是一个外泄湖，巴音河的水在湖中回旋之后，从南面的低洼处，经 7 千米的河道流入托素湖。

每年初春，可鲁克湖的冰开始融化时，这里就成了鸟的天堂，鱼的故乡，水草丰茂，鸟鸣回荡在芦苇丛中，成群的黑颈鹤、斑头雁、鱼鸥、野鸭等珍禽，从遥远的东南亚飞到这里筑窝垒巢，生儿育女。还有黑颈鹤在芦苇丛中筑巢栖息，斑头雁、灰雁则在沙丘上垒窝居住。

水波浩淼的可鲁克湖已经商业化开发，3A 景区，门票每人60 元。

可鲁克湖 乌席勒／摄

可鲁克湖渔船 乌席勒／摄

　　可鲁克湖建有码头、游艇、摩托艇、帐房餐厅等接待设施。网渔区可看到养殖场的渔工们捕鱼。湖中捕捞的柴达木鲤鱼，最大的有 10 多千克，肉嫩味鲜。湖中还盛产中华绒螯蟹，秋季蟹肥膏满，令人舌上生津，可以就地在餐馆品尝，也可以买上一网兜，自己生火，清水蒸煮，大快朵颐。

　　当然，最好是乘坐快艇，在瀚海戈壁上体验一把与水亲密接触的感觉。湖光山色，蓝天白云，鸥鸟振翅，鸟语喧嚣，自是一幅江山如画的和谐美景。人在水中，水在画中，你会流连而忘返。

咸水湖——托素湖

　　与它毗邻的是托素湖，蒙古语即"酥油湖"的意思。

　　托素湖个头比可鲁克湖要大，面积 180 多平方千米。托素

高原的鸟 乌席勒／摄

湖是典型的内陆咸水湖，水源来自克鲁克外泄的湖水，湖的周围全是茫茫的戈壁滩，气温较高，湖水的蒸发量很大，水中的含盐量增高，水生动植物和浮游动植物也很少。或者说，它就是一个"死海"。

托素湖湖面辽阔、湖岸开阔，无遮无拦，风平浪静时，湖面烟波浩渺，水天一色，蔚为壮观；天气变幻时，湖水浪涛汹涌，浪花飞溅，拍岸有声，摄人心魄。

当然，咸涩味十足的托素湖并非就是"死海"，或与生命绝决，相反，它也是水鸟栖息的北方家园，一派生动的生命气息。

每年初春，鱼鸥、棕头鸥、野鸭等大都来到托素湖中的鸟岛上群聚。托素湖鸟岛面积约有一平方千米，岛上的鸟儿成千上万，整个小岛窝巢遍地、鸟蛋累累，简直是"鸟的乐园""蛋的世界"。

坐着火车去拉萨，火车会从两湖间穿越而过，那也是另一份惬意。

褡裢湖——因为爱情生死相依

这里要说到褡裢湖的爱情故事了。

没有爱情，它们肯定就少了生动和韵味。

民间传说，它们是由一对古时的情侣变化而成的，故又称之为"情人湖"。尽管两湖近在咫尺，有相同的历史嬗变和地理环境，但却一咸一淡，生态各异，风姿迥然，这也给情人湖增添了无限神韵。

景区里，有一对男女相拥的雕塑，那就是对这个爱情故事的具象。

传说，古时有两个相依为命的蒙古族姐妹，姐姐叫托素，妹妹叫可鲁克，她俩的恋人被奴隶主抓去金场当了沙娃，两人干活累得精疲力竭，饿倒在沙丘，托大雁给心上人捎信。托素和可鲁

青藏铁路穿过情人湖 蔡永生 / 摄

克得知后，妹妹背上干粮，姐姐背起盐包，日夜翻山越岭去寻找亲人。

当她俩找到倒毙的爱人时，姐姐的泪水浸透了盐包，流出一个咸水湖，妹妹的泪水汇成淡水湖，后人便以姐妹俩的名字为这两个湖命名，以示纪念。

当然，还有一个更加悲情的传说。

很早以前，在遥远的北方大漠中，美丽富饶的金水河畔，居住着蒙古族先民的一个部落。部落里的王爷有一个美丽绝伦、聪明贤惠的女儿，她的名字叫可鲁克，由于自幼丧母，王爷就视她如掌上明珠。一天，王爷带着可鲁克和一群家奴去狩猎，却遭遇了一场罕见的龙卷风。可鲁克为追逐一只小鹿不幸被龙卷风卷走，却被山沟里牧羊小伙托素遇到，并且带回帐房救治疗伤。疗伤期间两人相爱了，决定结为夫妻。当托素来到王府向王爷求婚时，却遭到险恶的管家向王爷挑唆，致使王爷极力反对。管家向王爷献策说：让他到遥远的西部去背一袋盐来，让部落里的人都尝一尝，然后再考虑。

王爷本来就不同意这桩婚事，他也深知这条路是条险路，多少人有去无回。王爷想通过这样的方式把托素赶走，也当然是个好办法。托素带着对可鲁克的深情厚意，立即骑着白马，向西部奔驰而去。

他日夜兼程，翻越座座高山，穿过片片沙漠，历经千难万险，终于来到了柴达木。在盐池里装了满满一袋盐，便心急如焚地返回，却不幸遇上沙尘暴。大风之后，马也不见踪影。他擦着眼泪，背着盐袋，艰难地步行返回。茫茫瀚海，他日夜不停，饥寒交迫，突然一个趔趄，倒在沙地上，再也无力站起来，可嘴里还不停地呼唤着：可鲁克！

自托素走后，可鲁克也是日夜思念心上人，天天来到金水河畔，祈祷着他平安归来。然而，她等来的只是马背上一副空空的马鞍。克鲁克骑着白马，穿过戈壁，找到托素时，他已经气息奄奄。最终，托素和克鲁克的手臂紧紧地挽在一起，幸福地闭上了眼睛。

后来，在可鲁克长眠的地方，出现了一泓碧水涟涟的淡水湖，在托素倒下的地方，出现了一个雄浑壮丽的咸水湖，两人挽在一起的手臂化作了一条连接两湖的银色小河。

褡裢湖，情人湖，他们至死不渝的爱情故事，传遍整个草原……

因为有水，瀚海里的故事也会湿漉漉、水淋淋。

因为有爱，瀚海里的水世界也就会爱意悠远、情意深沉。

夕照可鲁克 蔡永生／摄

CHAPTER 05

探寻华夏文明之源——
仰望昆仑山

玉虚峰 何西金 / 摄

向一座山打躬作揖，是旅游惯常的指向。

在西北，在中国，在亚洲，在全球，在所有的神性山脉中，它都具有凛然而独到的气质，因此，它被封为万山之祖、群山之王。

它就是——叫昆仑山！

昆仑山

昆仑山，又称昆仑虚、昆仑丘或玉山，是中国第一神山，是亚洲中部大山系，也是中国西部山系的主干。

昆仑山西起帕米尔高原东部，横贯新疆、西藏间，延伸至

青海境内，全长约 2500 千米，平均海拔 5500 ~ 6000 米，宽
130 ~ 200 千米，西窄东宽总面积达 50 多万平方千米。

来到海西州，昆仑山就在眼前。

向一座具有全球分量的雄性大山脱帽致敬，将是你的荣幸。

自德令哈出发，向南 245 千米左右到达格尔木。

格尔木，就在昆仑山的怀抱。

面对昆仑，先引入伟人毛泽东的一首诗词——《念奴娇·昆
仑》：

    横空出世，莽昆仑，阅尽人间春色。

    飞起玉龙三百万，搅得周天寒彻。

    夏日消溶，江河横溢，人或为鱼鳖。

大昆仑 姜鸿/摄

千秋功罪，谁人曾与评说？

而今我谓昆仑：不要这高，不要这多雪。

安得倚天抽宝剑，把汝裁为三截？

一截遗欧，一截赠美，一截还东国。

太平世界，环球同此凉热。

这首诗不用过多释义，在那个特殊的时代背景下，伟人自有其诗意所指。不过，伟人借昆仑"君临天下"的磅礴义气，令人心悦诚服。

昆仑山是一座庞大的山系，走进它，就俨然走进了一个昆仑王国。

纳赤台：昆仑神泉

纳赤台是藏语，汉语意为"佛台"。

昆仑神泉位于 109 国道边昆仑河北岸的纳赤台，距格尔木市区 90 千米。此处海拔 3700 米，是昆仑山中一眼四季不冻的冷泉，冬夏恒温 7℃。水质甘甜醇美晶莹透明，被誉为"冰山甘露"。

科学鉴定：昆仑山中的大多数泉水都富含微量元素，尤其含锶量较高，是纯天然的优质矿泉水，具有较强的防止心血管疾病的功能，有"人间圣水"之美誉。

这股泉水，长期饮用对治疗微量元素缺乏的慢性疾病有效，故美其名曰：喝一口心清气爽，喝两口去病消灾，喝三口延年益寿！

进入昆仑山，就进入了神话的世界。

关于纳赤台——佛台的来由，也是如此。

相传远古时期，昆仑山中鸟语花香，漫山遍野长满了奇树异草。火神祝融与水神共工为了争夺地盘，大打出手。结果水神战败，恼羞成怒，一头朝昆仑山下的擎天大柱不周山撞去。不周山被撞为两截，西北的半边天坍塌下来，将东南角的大地砸出一个深深的坑。顿时，昆仑山烈火冲天，山下洪水滔滔，向东南汇成汪洋大海。

昆仑圣泉 格尔木文旅提供

天帝得知，十分恼怒，一气之下，将祝融发配到多水多雨的南方化为一座山峰，令风雨尽情地去吹打他，让他永远不再用火来作孽（就是今天南岳衡山的祝融峰）；而将水神共工打入昆仑山中，让他化为一眼清泉，浇灌被烈火毁坏的地方，叫他永世不能掀浪作恶。

家事被摆平，各安其所。

如来佛祖得知，路过昆仑山，走得有点疲惫，便想起水神共工在昆仑山中，就迫降祥云，打算唤水神出来叙叙旧。如来佛刚刚落座，只见眼前突然喷涌出一股清泉，好似莲花朵朵盛开。

原来水神共工得知如来佛祖驾到，便急不可待地从地下钻了出来。后来人们得知这股清泉就是水神共工融化而成，而如来佛祖又在这里坐过，于是便把这个地方称为"佛台"。

纳赤台神泉　格尔木文旅提供

玉珠峰——国家登山训练基地

沿着青藏公路109国道继续向前，不久就见到一片绝美草原，牛羊成群，骏马奔驰，此地名叫西大滩，距离格尔木140千米。

在西大滩仰望昆仑，只见一座山峰终年积雪不化，山峰被坚冰紧裹，晶莹剔透，圆润如玉，因此得名玉珠峰。

玉珠峰海拔6178米，其南坡距109国道近40千米。

玉珠峰终年积雪，银装素裹，山脚下是万年冰川。山峰呈半球状巍然于蓝天白云下。冰川似白玉砌成的天梯，让人望而生畏。

每逢夏季，山脚处绿草如茵，冰川化成的潺潺流水，缓缓流向山下，滋养了一片绝美的草原。草原上，羊群如白云飘逸，骏马扬鬃，令人赏心悦目。站在观景平台，远眺昆仑雪山犹如玉龙卧岭，仿佛一座璀璨的琼楼玉宇。整个山峰变幻莫测，冰川、雪山在阳光照耀下，如魔似幻，带人进入梦幻之境！

玉珠峰以其独特的自然风光、雪山结构以及方便的后勤补给设施，成为登山爱好者攀登雪山的最佳训练基地。

青海省体育局与格尔木市政府共同开发建设的"中国青海玉珠峰国家登山训练基地"就位于玉珠峰北坡青藏公路边的西大滩，目前开辟有普通登山爱好者和专业运动员两条攀登线路。

该基地自2009年9月开始建设，总投资1200万元，建筑面积4千平方米，基地内设有旅馆住宿区、基地管理区、后勤服务区、房车营地等，可容纳200余人同时入住。

基地将以"打造高原地区一流登山训练基地"为宗旨，以先进的管理理念，科学的运营机制，优秀的服务质量服务大众，为打造高原体育品牌基地，促进地方体育事业发展，推动体育与旅游、文化相结合发展，发挥积极作用。

该基地建成后，将成为格尔木市集体育健身、群众性登山、科学考察、旅游探险等为一体的综合性服务基地。

当然，玉珠峰也少不了神话传说。

传说玉珠峰是玉皇大帝的妹妹玉珠神女在人间的行宫。

玉珠神女幼年时常跟着母亲到昆仑山中玩耍，久而久之就喜欢上了昆仑山中的奇花异草。于是为了能天天看到那些她喜欢的花草，就在昆仑山中修了一座行宫。每隔数月，她都要到玉珠行宫来居住一段时日。因其喜欢宁静凉爽，所以玉珠峰终年积雪，四季银妆素裹。又因她喜欢奇花异草，玉珠峰山脚下生长各种各

样的花草。这些花草婀娜多姿，缤纷娇娆。

也有人说，玉珠峰是玉皇大帝之子玉珠公子的人间行宫。

不管是谁的行宫，反正都是神仙住的地方。

昆仑山口：人神共住，丰碑耸立

昆仑山口位于东昆仑山中段，距格尔木市 160 千米，海拔
4767 米，是青藏公路线上一个重要的关隘。

这里地势高耸，群山连绵，雪峰林立，自然景色十分壮观。

每当 6 月，山外烈日炎炎，而昆仑山口却雪花飞舞，"人间

玉珠峰全景 何西金 / 摄

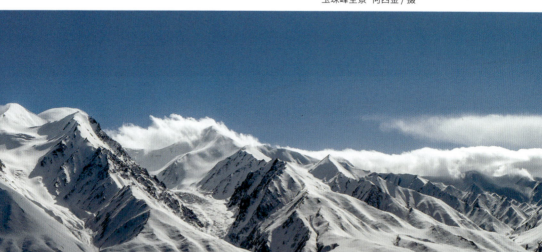

昆仑山口 格尔木文旅提供

已是百花开，唯有昆仑雪飞舞"也就成了昆仑山中一大独特的自然景观。到 7、8 月盛夏时节，昆仑山口方才绿草如茵，野花朵朵，加上远处连绵不断的雪峰，将整个昆仑山口装扮的缤纷妖娆，极其妩媚。

1956 年 6 月，陈毅元帅视察西藏，路过昆仑山口时感慨万分，即兴赋《昆仑山颂》一首：

峰外多峰峰不存，岭外有岭岭难寻。

地大势高无险阻，到处川原一线平。

··········

昆仑魄力何伟大，不以丘壑博盛名。

驱遣江河东入海，控制五岳断山横。

昆仑山口立了很多碑，不管是因人而碑，还是因神而碑，或者人神共碑，能在昆仑之巅屹立，都是伟大。

其中一块墓碑，就是藏羚羊保护者——杰桑·索南达杰。

杰桑·索南达杰曾经是治多县县委书记，为了保护藏羚羊，他献出了年轻的生命。他就葬在昆仑山口。陆川电影《可可西里》队长日泰就是以他为原型。

藏羚羊是国家珍稀保护动物，20世纪90年代，由于偷猎者的大肆掠杀，藏羚羊曾一度濒临灭绝。民间自发地成立了保护组织，也有很多的志愿者自愿地担负起了保护藏羚羊的神圣职责，有的人为此献出了年轻而宝贵的生命。杰桑·索南达杰就是其中优秀代表。

如今，可可西里成立了专门的自然保护管理局，由国家直管。经过30多年的保护，藏羚羊从20世纪80年代的几千只繁衍成了现在的 30 多万只。

过了昆仑山口，就进入了可可西里的地界。

可可西里总面积为 4.5 万平方千米，其平均海拔 4800~5500 米。该区动植物种类繁多，其中国家一级保护动物就有野牦牛、西藏野驴、白唇鹿、雪豹、藏羚、金雕等；国家二级保护动物有盘羊、棕熊、藏原羚、猞猁、荒漠猫、藏雪鸡、红隼等。植物有 200 多种，大多数是高原珍稀植物。所以，可可西里被称为"高原野生动植物天然乐园、野生动植物王国"。

据说，音乐人刀郎到可可西里采风，听到一对来自南方的大学生恋人在此担任志愿者，男孩却因为车祸死在去可可西里收集资料的路上，女孩望尽天涯等待恋人归来却肝肠寸断。于是，他创作了《西海情歌》，为那年轻的生命而歌唱：

> ………
>
> 还记得你答应过我
>
> 不会让我把你找不见
>
> 可你跟随那南归的候鸟飞得那么远
>
> 爱像风筝断了线
>
> 拉不住你许下的诺言
>
> 我在苦苦等待雪山之巅温暖的春天
>
> 等待高原冰雪融化之后归来的孤雁
>
> ………

无极龙凤宫：道家修炼场

昆仑道场，自古就是修道之人的极乐处。

无极龙凤宫市距离格尔木市 110 千米处，是昆仑山中唯一的一座道观。道观始建于 1998 年。当初为了宣传青海神秘昆仑文化，给海内外朝拜、寻根问祖的信众提供方便，满足信众的宗教信仰需求，发挥昆仑神山在海内外的影响力，故由西宁土楼观在昆仑山中三岔河野牛沟口修建的。后在 20 多年间陆续修建完善，目前成为颇具规模的道观，也成为昆仑山旅游的打卡地，丰富了昆仑的神传文化。

无极龙凤宫 格尔木文旅提供

西王母瑶池：神仙聚会的地方

古代神话认为昆仑山中居住着一位神仙"西王母"，人头豹身，由两只青鸟侍奉，是道教正神，与东王公分掌男女修仙登引之事。

从109国道无极龙凤宫入口到瑶池有110千米，这一路可观赏到无极龙凤宫游览区、野牛沟百里画廊、玉虚峰游览区、瑶池游览区。目前建设有瑶池旅游公路、无极龙凤宫游客服务中心、

瑶池接待中心、朝山大道、拜山台、栈道、观景台、停车场等基础设施，极大地方便了游客旅游。

这一带主要景观有：苦修崖、辫状河、沼泽地、野牛沟岩画、野驴滩、香炉峰、玉虚峰、瑶池等。

西王母瑶池是一座天然高原平湖，海拔4300多米，面积60多平方千米，最深处达107米，湖面呈如意形，湖水粼粼，碧绿如染，清得透亮，水鸟云集，或翔于湖面，或嬉于水中，湖畔水草丰美，珍禽相伴为戏。在蓝天之下、草原之上，宛若镶嵌的

瑶池（冬季）　何西金／摄

一块碧玉，令人神往。

传说这里是西王母所居行宫，也是道教信徒向往的神湖。

据史料记载，每年到了农历三月初三、六月初六、八月初八，西王母专门在此设蟠桃盛会，各路神仙便来向创世祖先西王母祝寿，热闹非凡。周穆王会西王母于瑶池，美猴王孙悟空偷吃蟠桃，这些神话传说均出于此。《封神演义》中描写的姜太公修炼五行大道也在此地。瑶池边立有"西王母瑶池"纪念碑石，被五彩哈达缠绕，迎风猎猎。

瑶池，因为有了神话和传说，吸引着来自世界各地的炎黄子孙，特别是台湾和港澳及东南亚的同胞，到此朝拜寻根。

昆仑神话：爱在人神之间

西王母瑶池，是昆仑神话的重要载体。

而西王母，则是昆仑神话中最重要的一个人物。

昆仑神话产生于远古时代，其中融入了儒家文化、道家文化、佛教文化和封建思想，是中华古老文化之根和华夏民族之魂。

昆仑山的仙主就是西王母。

至于西王母，也传说确有其人。根据专家们推测，她可能就是远古时期某个部落的首领，或者说好几个部落的首领结合在一起的一个形象。她威仪非凡，英勇善战，受八方敬仰。

传说中她是个半人半兽之物，《山海经·大荒西经》曰："有人戴胜，虎齿，豹尾，穴处，名曰西王母。"可是到了后来，西王母就成了一位神通非凡，风姿卓越、热情奔放，能歌善舞，出入骑龙跨虎，杀伐果断的至尊女神。

随着时间的推移，西王母的故事逐渐在民间广为流传。

道教创立以后，西王母被纳入神系，成为道教至高无上的女神，也就成了我们神话故事里的王母娘娘，专管人间福禄寿喜及生死祸福。可想而知，这个时候的西王母真乃是"母仪天下"，唯她独尊。

西王母不仅居住在昆仑山，并且还管治着昆仑山。

在《十洲记》中曰："昆仑山……西王母之所治，真宫仙灵之所宗。"这意思就是说整个仙界也得受西王母的管辖。

道教亦认为，她"上治北斗，下治昆仑。"

北斗，就是天宫。

瑶池湖边的平台就是西王母会见周穆王时两人相对而坐的地方。

遥想当年，两神对坐，祥云飞渡，万神卑躬。

西王母说："白云在天，山陵自出。道里悠远，山川间之。将子无死，尚能复来？"

这是西王母问周穆王的话，意思是说：白云飘在蓝天上，山头从白云中伸出来。道路那样远，是山川将你我分开。如果不死的话，你是否再次到这里来？

周穆王当即答道："予归东土，和治诸夏。万民平均，吾顾见汝。此及三年，将复而野。"

意思是："我返回中原，要使诸夏和气相安。待万民都富裕了，我会再来把你探访。要不了三年，我俩又会在这片草原上相会。"

如此情真意切，可见两人定是一见如故。

蟠桃盛宴，美酒加持，三杯下肚，醉意朦胧，于是两人便海誓山盟再见之日，来日方长。只可惜周穆王并没有如愿以偿，由于国事纷繁，加上身体欠佳，一直没有机会再到昆仑之丘，几年后就驾崩了。

西王母听到这个消息后非常伤心，因为自此中原再没牵挂的人，因爱生恨，由恨至战，就开始了对中原的征战，于是边关连年烽火。历史又演绎出了无数可歌可泣的故事。

　　站在瑶池台，周围雪峰林立，湖面微风轻拂，遥想远古时期西王母在此宴请诸神或是与众仙女嬉戏、与周穆王约会的场景，你是否也能真正感受到昆仑神话妙不可言的韵味呢？

　　神仙也有爱，何况在人间。

　　人神共礼处，值得将"爱"留下——

　　瑶池一游，一生相思！

瑶池（夏季）　何西金／摄

CHAPTER 06

领略海西神韵——
探秘博物馆

乌席勒／摄

中国西部是一片古老的土地，历史悠久，文化灿烂，是华夏文明发源地，为中华文明史提供了根源和脉络。

青海海西州承载有昆仑神传文明，吐谷浑和吐蕃文明，还有当代的"德都蒙古文化"，这些古老厚重的文明史，光耀着这片土地。

要深究一片土地的文明和历史，发展和未来，最好走进博物馆。

走进藏馆，看见世界。

海西州民族博物馆

民族文化是一个民族发展的根脉，是民族认同也是民族记忆的符号，传承好、发展好非遗物质文化，是中华民族振兴的庄严课题。

海西州民族博物馆在河东街道柴达木东路 25 号，位于德令哈市中心，隶属于海西州民族文化活动中心大楼。大楼是一个现代化的钢结构和玻璃建筑，集约了民族博物馆、海西州文化馆、非遗原生态体验馆等，还有室内体育运动馆等，是一个馆落集群。

海西州博物馆馆体面积 3162 平方米，可容纳近 200 人同时参观。馆设 8 个单元，除民族民俗文化、史前文明、吐谷浑吐蕃、元明清近现代历史等文化展区外，还有棺板画、干尸、丝织品、岩画等 4 个专题展厅，内藏展品更不乏同类中的精品。

其中，农牧业资源展厅形象生动地展现了柴达木盆地丰富的农牧业资源和发展变化；

矿产资源展厅展现了素有"聚宝盆"之称的柴达木盆地丰富的矿产资源及开发建设的硕果；

历史文物厅展示了近几年从全州各地收集到的历史文物和民俗文物，佐证了柴达木盆地悠久的历史，特别是诺木洪遗址印证了柴达木盆地具有悠久的历史和灿烂的文化。

在这里，游客能充分领略到海西州的民俗文化及史前文明，专题展更是让你眼界大开，能获得丰富的专业知识。

博物馆与时代科技接轨，游客使用手机进行二维码扫描后便可获得馆内部分重点文物展品资料，还能感受虚拟讲解员的讲解。

非遗原生态体验馆

非遗原生态体验馆，隶属于海西州民族文化活动中心建筑群。

海西州发掘整理了一批有价值的保护项目，组织展开了一系列丰富多彩的传习活动，取得了丰硕的非遗传承成果。

走进非物质文化遗产传承基地，色彩斑斓的民族刺绣、精美的马具、做工精细的唐卡等……一件件制作精美的非遗产品井然有序、琳琅满目，绚烂的民族风扑面而来。

非物质文化遗产传承基地，免费为州四级名录各类项目传承人提供传承、传播、生产、创意发展的空间，帮助传承人创造价值，更好地传承发展海西州优秀文化遗产。目前，基地设有传承馆、创意馆、体验馆和非遗创意设计工作室、巴音河西岸艺术长廊等。

入驻传承基地的有那达慕、民间手工艺、接骨复位、木雕、蒙医药、唐卡、曲拉制作、德都蒙古拉伊（情歌）、德都蒙古全羊席、德都蒙古洗礼等传承人，还有国家级非遗名录《汗青格勒》传承团体汗青格勒乐团等近30人。

传承基地不但打造平台，发展传承技艺，而且还为传承人服务，让传承人所创造的产品产生社会和经济效益。

非物质文化遗产传承基地还设有体验区。在这里，游客不仅可以体验海西州非物质文化遗产语言和音乐类项目，可以品鉴民族传统饮食等，体验民族文化的魅力，还可以在这里动手制作简单的非遗产品，通过体验的方式将海西"非遗"项目生动传承。

民族的，就是世界的。

海西非遗文化正在焕发生机。

德令哈天文科普馆

德令哈天文科普馆是全国第二座以天文为主题的独立科普教育展示馆，第一座在北京。在西部德令哈建馆的优势是当地有中国西部重要的天文观测站。

科普馆位于德令哈市主干道——长江路西侧，总建筑面积3973平方米。主要功能为科普展览用房、天文观测用房、太阳厅、球幕天象厅、多功能厅、教学用房等。该馆由南京紫金山天文台负责项目前期工作和科普布展工程实施，科普馆运营。

德令哈天文科普馆是以天文为主题的互动体验馆，集科学性、

天文科普馆 乌席勒 / 摄

知识性、参与性于一体。馆内以文字、图片、模型、三维立体真实感受及声光电的形式，全面介绍地球以及外太空等天文知识，是一个感受科学魅力的科普活动场所。

德令哈天文科普馆建成开馆，填补了青海省在天文、天象自然科学领域科教展馆的空白。科普馆除完成德令哈市各中小学天文课教学任务外，还在"开学季"及全国科普日期间持续组织"天文知识进校园""流动天文馆进村入镇"等群众性科普活动。

目前，德令哈天文科普馆被命名为青海省首批省级中小学研学教育实践基地。

在这里，游客可以遨游太空，获得不一般的星际体验。

德令哈农垦文化博物馆

这是一个特殊的博物馆。它是一个特殊时代的产物，也是海西人民汗水和智慧的见证。

农垦文化博物馆有它的历史背景：在 20 世纪 50 年代，有一群多重身份的人，集聚在这里，披荆斩棘，拓荒瀚海，建设柴达木。半个多世纪过去了，几代农垦人扎根戈壁，无怨无悔，垦荒、建设和发展了柴达木。德令哈农垦文化博物馆，就是向外界

展示这段垦荒种地，建设家园的壮举，以此纪念农垦精神。

博物馆距德令哈市区 13 千米，市内有班车，也可搭出租或包车。自驾很方便。出德令哈沿着老国道 315 线前行，当左手边出现一只巨大的铁锈色的铧犁横空在一条乡间公路上作为门迎时，你就进入了农垦的地盘。

迎着两排参天的巨树继续前行，柯鲁柯镇在一座向你招手的"毛主席塑像"的小广场，迎接你的到来。

就在原德令哈农场场部旧址之上，一座低矮的泥砖建筑，朴

德令哈农垦文化博物馆 乌席勒 / 摄

实无华却又闪跳着历史火花，在火热夏季以清凉的气温迎接着你。

该博物馆于 2018 年 9 月开工建设，2019 年 12 月完工。

博物馆展览面积 6374 平方米，实物展品 400 余件，展览文字 3 万余字，图片 300 余张，多媒体设施 20 余处。共分为四个展区，内设六个展览（室内）和五个户外展示区域。

第一展区由"荒原茏茏热血人生——农垦人生活回忆展"和"高原丰碑——农垦文化名人展"两部分组成；

第二展区为"艰苦奋斗·勇于开拓——德令哈农场场史展"；

第三展区为"夒夒良耜·情之所寄——德令哈农场农具农机展"；

第四展区为"朝耕暮耘·平凡人生——农垦人的一天"以及"金色德令哈——德令哈经济社会发展成就图片展"。

户外展示区域包括农垦中央大院和另外四个展区，分别展示雕塑、照片、口述实录、农机、农具等，此外还有电影长廊、麦田迷宫等。

"献了青春献终身，献了终身献子孙。"穿过展区，远去的历史历历在目，尘封的记忆被页页打开，拓荒的历史便鲜活在眼前……

不得不感慨，德令哈农场的先驱们驻扎在满目苍凉的荒漠戈壁，在生活和居住条件极其恶劣的环境中，用热血和汗水乃至生命为这片亘古荒原赋予了勃勃生机，也为德令哈的建立奠定了坚实的根基。

那是一段共和国的记忆，也是全民的记忆。

历史需要馆藏，也值得铭记。

中国·青海清洁能源利用展示馆

这是一个具有海西特色的新型态势的展示馆。

展示馆包括太阳能光伏展示馆和光伏产品展示科技广场两部分。

展示馆设计的思路就是节能节耗，主体采用钢结构，外墙采用干挂石材及光伏幕墙，辅助灯光效果，屋顶设计单晶硅、多晶硅等多种主流光伏组件，发电自发自用。

室外光伏科技广场，由多种晶硅组件展示区（单晶、多晶）、薄膜组件展示区（柔性轻质FLEX-02WS）、聚光组件展示区（高倍聚光）等组成，是世界上第一款集所有功能于一身的太阳能系统。

引进两台奥地利进口的"太阳花"智能发电系统，采用花瓣形状的智能"太阳花"，通过GPS数据跟踪太阳的方位和角度，确保一直接受阳光的直射而高效发电，同时花瓣上安装了风速感应器，一旦碰到恶劣天气时，或外界风速高于54km/h，就会自动闭合保护自己，整个过程实现完全自动化，无需人工干预。

展示馆以太阳能驱动创新为主题，布局共分为生命的驱动力（A）→走进光伏史（B）→解密光伏（C）→创新光伏（D）→未来光伏（E）五个部分。

展示馆集建筑造型、光伏发电、光伏产品展览展示、科普教育、新能源领域的科技交流等功能于一身，是展示海西州太阳能发电的发展现状与前景,促进海西州光伏产业投资与交流的场所。

同时，还是太阳能科技的大众科普教育基地。

盐熔日光发电

新能源展示馆

展示馆将向青海省乃至全国展示以海西州光伏为代表的新能源产业发展，在引导企业采用先进技术、开发优质光热资源、倡导清洁能源的推广应用，以及海西低碳环保绿色发展的先进理念等方面起到积极的引领作用。

边远海西却并不边缘，绿色能源已经成为推动海西发展的内驱力。

青藏驼队历史陈列馆

这是一个特别的精神陈列馆，从茶卡盐湖出发沿国道 G109 一路向西，拐进省道 S2013，20 分钟左右，在一片高大树木的掩映下，随着指示牌可见莫河骆驼场。

驼场被高大的树木簇拥，宛然一方远离戈壁荒野的世外桃源。陈列馆在挺有年代感的礼堂旁，由 20 世纪 60 年代莫河骆驼场老会议室改造而成。走进它，你便打开了新中国建设史上一幕厚重的历史，让你感受到肃穆，心生敬意，也让你感动、泪流。

在陈列馆最显眼的地方，悬挂着一面颜色并不鲜艳，且满是洞痕的五星红旗，它历经风雪和战火，神圣而庄严，遭受磨难而千疮百孔。这是第一面扛进拉萨的五星红旗。它，见证了一个崭新的时代，红色照耀雪域高原，照耀西藏的大好河山，也照耀了拉萨各族人民的心灵。

这面一米五见方的红旗由多块红布拼接而成，黄色五角星也不太规整。这面国旗是解放军第一次开赴拉萨前，由战士和驼工

走进拉萨的第一面五星红旗　乌兰文旅提供

们共同制作的。虽然，眼前的这是一面仿制品，但也令人肃然起敬（第一面进入西藏拉萨的五星红旗作为国家一级文物被妥善保管）。

在这面红旗的指引下，驼队有三次进藏经历，堪称血色壮歌。

第一次驼队进藏，壮怀激烈，不辱使命。

1951 年 5 月 23 日，随着《中央人民政府和西藏地方政府关于和平解放西藏办法的协议》的签订，西藏和平解放，解放军分三路进驻西藏。1951 年 8 月，西北军区派遣第十八军独立支队由青海省香日德出发开赴西藏拉萨。

当时，独立支队的政委是慕生忠，这也是他第一次进藏。

为给独立支队进藏提供后勤保障，西北军区组织起由 2 万多头（只）牲畜、3000余名战士和驼工组成的运输队伍。红旗所向，驼铃声声。驼队边走边探路，翻过巴颜喀拉山，蹚过黄河源，于12月抵达拉萨。

从1951年8月上旬开始，驼工们走了4个月，行程近2000千米，总共运粮400万斤，数百名队员牺牲在进藏途中，每前行500米就有一头牲畜倒下。倒下的牲畜成了"路标"，驼工们渴了饿了，就抓一把炒面，拌着一把雪。他们当时只有一个信念，

莫河骆驼场历史陈列馆　乌兰文旅提供

莫河骆驼 乌兰文旅提供

不管再难再险，也要举着国旗前进到拉萨。

第二次驼队进藏，血色挽歌，气壮昆仑。

1953年，驻藏部队粮食告急，为缓解西藏物资紧张情况，中共中央西北局紧急组建西藏运输总队，在原有基础上将驼队扩充至骆驼2.8万峰，驼工数千名。11月，西藏运输总队的驼队陆续从青海香日德出发紧急驰援西藏。

这正是寒冷的冬季，一路上冰雪覆盖，骆驼瘦成了骨架，一匹匹骆驼倒下了；驼工们也一个接一个倒下了。但驼队不能停，西藏的军民还等着这批粮食。仅仅用了54天，驼工们徒步1438千米，将第一批近100万斤粮食突击运抵西藏，西藏的粮食危机化解了。

据统计，出发时有 2.8 万峰骆驼，顺利返回的不足 2000 峰，骆驼死亡率超过 90%。每运进西藏 5 袋面粉就要牺牲 1 峰骆驼。这个几乎将全国的壮年骆驼消耗殆尽的运输任务，也成了修筑青藏公路的原因之一。

第三次驼队进藏，天路抵达天边，西藏不再遥远。

1954 年 5 月，1200 名老驼工跟随慕生忠将军，用了 7 个月零 4 天，打通了青藏公路，自此，进藏的声声驼铃成了历史。

70 多年前成立的西藏运输总队也早已成为历史，随着青藏高原交通路网不断优化完善，坐着火车去拉萨，天堑已成坦途。

近年来，青海着力打造国际生态旅游目的地和绿色有机农畜产品输出地，位于草原深处的莫河骆驼场也迎来了新的发展机遇，旅游、畜产品加工等多个产业在莫河骆驼场开花结果，这个建在红旗下的骆驼场正焕发出蓬勃"新生机"。

大地馆藏地中四

距离德令哈 450 多千米之外的一片黑戈壁，名叫冷湖。

冷湖石油废墟，已经成为柴达木旅游精神拜谒的网红打卡地。

这里，是"大庆精神（铁人精神）"的发源地，是共和国工业发展的一部高原史记，也是青海石油的精神陈列馆。

它，没有边界，馆藏是大地。

1954 年，受国家之命，中国石油勘探总局委派勘探队员骑着骆驼挺进柴达木。随后，由地质勘探队员、石油师战士、复转军人和广大城乡青年组成的石油大军，在瀚海戈壁书写了石油传奇。

1955年11月24日，柴达木盆地第一口深探井——泉1井（油1井）开钻。油泉子油田的发现标志着青海油田的诞生。

1958年9月13日，冷湖五号构造一高点的地中四井，激情畅喷3天3夜，日喷原油量高达800吨左右，由此发现冷湖油田，自此开启了柴达木石油冷湖30年的激情篇章。

1959年12月31日，青海石油年产原油30.71万吨，其中冷湖油田年产原油24.62万吨，创历史最高水平，约占全国原油产量的12%，成为继玉门、新疆、四川之后的第四大油田。

直到1991年，冷湖油田生产主业前移茫崖花土沟，机关后勤等撤退甘肃敦煌七里镇，冷湖完成历史使命。

如今的冷湖石油基地，满目疮痍，一片废墟。

当你从冷湖废墟上走过，冷湖历史的天空里会突显两座丰碑——一座地中四井纪念碑，一座公墓纪念碑，它们一座是生的辉煌，一座是死的悲壮。

两座碑隔空对视，两座碑默默无语。

地中四井纪念碑——爱国主义精神丰碑。

"冷湖地中四，英名天下扬。东风浩荡时，油龙逐浪飞。"

这是冷湖地中四井纪念碑上镂刻的一副对联，由时任青海省副省长李芳远题写。它形象地说明了地中四井的历史背景以及重要意义。

那是一个特殊的年代，一个特殊的时期。

国家举力，经过几年大规模的人员、科技和财力投入，柴达木石油并没有出现想象中的大油田，加之东部大庆油田被发现，即将大规模会战，柴达木石油则下马。

说撤就撤，雷厉风行。上百支钻井队一夜之间撤得只剩17支。

心有不甘啊，冷湖钻探大队大队长胡振民，将目光锁定在五

勘探队员挺进柴达木盆地 青海油田摄协提供

号高地。而就在之前，地中七井刚刚出事，一把大火，将井架烧成一堆灰。他挨了最严厉的处分，降级，甚至扣掉了救命的口粮。一家大小生存都成了问题，真是冷湖绝路。他不服输，自打十几岁参军，大小战斗打过几十场，血雨腥风里蹚过来的。他绝不认输：再打一口井！

地中四井，被1219钻井队下了天大的赌注。

1958年8月21日，地中四井开钻，轰隆隆的机声撕破沉寂

70年代冷湖石油基地　青海油田摄协提供

的荒原。胡振民将指挥帐篷搭在了井口。夜以继日。9月13日，钻达650米后发生井喷，喷势异常猛烈，原油连续畅喷三天三夜，一天的喷油量高达800吨左右。黑色的石油花，绽放在冷湖戈壁。

冷湖发现了大油田，柴达木的勘探形势得到根本好转。

1958年底，青海石油勘探局机关撤离茫崖"帐篷城"，柴达木石油告别"老茫崖时代"。1959年，青海石油勘探局更名为青海石油管理局。1959年2月，柴达木盆地第一车原油从冷湖外运，冷湖油田生产原油24万吨，1960年达到30万吨，冷湖油田成为继玉门、新疆、四川之后的全国第四大油田。1959年底，冷湖炼油厂炼制的成品油供应青藏边防部队，为国防事业做出了贡献。

自此，柴达木石油进入长达30年的"冷湖时代"。

地中四井发现了冷湖油田，冷湖油田支撑了柴达木石油工业迈上百万吨台阶，憧憬千万吨梦想。所以，地中四井，历史意义非凡。

当然，它更是一种精神的象征。

冷湖公墓纪念碑——奉献精神展示丰碑。

在距离地中四井30多千米的冷湖四号基地旁，有一座冷湖公墓，那里，掩埋着三百多个为柴达木石油奉献牺牲的英灵。

天地无语，日月无声。

他们用生命浇筑起冷湖的"高原红"。

戈壁上在那一圈墓园，埋葬着为柴达木石油工业牺牲的先烈，有三百多座坟茔。他们来自全国四面八方，活着，为了石油，死后，一捧黄沙掩埋了他们，默默地，与冷湖的黑戈壁地老天荒。

他们的坟墓都朝着东方，太阳升起的地方，那是他们的故乡。他们，将最后的目光，锁定在千里万里之外的地方，那是回不去的故乡。

在这里，有钻井工人，有汽车司机；在这里，有领导干部，也有基层职工；在这里，有最早进入盆地的勘探队员的夫妻合墓，也有几岁的孩子；在这里，有石油专家，也有职工家属。在这里，有一次牺牲的六位烈士，他们当中还有副局长。在这里，有"生没到过柴达木死也要埋在柴达木"的地质专家黄先驯，也有他的战友中国石油总地质师的地质专家陈贲。这些倒下的人，都是一座座纪念碑。

冷湖两座碑，一座是生的辉煌，一座是死的悲壮。

有些碑，竖立在大地；有些碑，铭刻在人心。

冷湖烈士陵园纪念碑 青海油田摄协提供

CHAPTER 07

德都蒙古——
民族之花在绽放

民族之花在绽放／蔡永生／摄

青海省海西州，全名是"青海省海西蒙古族藏族自治州"。从州名就看得出，"蒙古族"是其主要的构成。人们习惯性认为蒙古族应该聚居在内蒙古，或者蒙古国，但海西州的蒙古族却有着特殊的部族历史和部族文化，在青海高原独树一帜。

蒙古族,大家并不陌生,她是中华民族大家庭中的一员,是"56支花"之一,具有悠久的历史和文化。还因为,识得"弯弓射大雕"的成吉思汗及其子孙们,挥舞"上帝之鞭"一气呵成征服欧亚大陆而名垂青史,其彪悍威力令人闻风难忘。所以,蒙古族的故事至今仍然是中华民族历史的重要一笔。

那么，海西州这支蒙古族为何叫"德都蒙古"，他们又有着怎样的故事?

民族团结进步塔 蔡永生 / 摄

关于德都蒙古

蒙古族于 13 世纪 20 年代进入今青海省，至今已有 700 多年的历史。今天，在青海境内生活的蒙古族绝大多数为和硕特部落的后裔。

和硕特部落，俗称为"德都蒙古"。

关于"德都蒙古"这个名称的来源也有两种解释：

一是认为青藏高原是藏传佛教的发祥地，所以把这块地方称作"高尚神圣的地方"，而"德都蒙古人"的"德都"二字恰好是"高尚神圣"之意。二是多数学者认为青藏高原处于世界屋脊，所以生活在这里的人们被称为"生活在高处的蒙古人"或"高原的蒙古人"。

似乎后一种解释比较接近实际，所以"德都蒙古"这个名称就涵盖了至今生活在青海、甘肃、四川、西藏等地的蒙古族。

德都蒙古族总人口约 10 万人。

德都蒙古文化

德都蒙古文化，既有本民族特色，也有地域特色。

德都蒙古族文化是青藏高原上独具特色的民族文化之一，在世界蒙古族中有着独特的文化个性。

德都蒙古是整个蒙古族的一部分，通用蒙古语言文字，但与内蒙古等其他地区的蒙古族相比，因远离蒙古族本土文化甚久，加之长期的地理隔绝，不仅保留了本民族传统的东西，也创造了新的地域文化。

文化来自于传统，也来自于人文风情、地理风物的衍化。

德都蒙古族人崇尚自然，尊重自然，也神话自然，他们会给每一座山、每一条河赋予一个神话传说，让山水自然充满神性，让人们产生敬畏，从而人敬自然、保护自然，和谐相处，天人合一。

他们更注重从生活中打捞、升华文化，展示文化，因此，他们能歌善舞，对生活充满仪式感，以表达对美好生活的向往和对生命的礼赞。

德都蒙古文化主要包括德都蒙古语言、民间文学、民间美术、音乐舞蹈、民间手工技艺、人生礼俗、生产习俗、民间信仰、民

服饰（一）乌席勒/摄

服饰（二） 乌席勒 / 摄

间知识、游艺、传统体育与竞技等。

德都蒙古民间文学非常丰富，主要由神话传说、英雄史诗、故事、诗歌、谚语、寓言等组成。

青海蒙古族中传播最广、影响最大的英雄史诗叫《汗·青格勒》，史诗原文约 1500 行，是典型的中篇史诗。这部英雄史诗最大的特点是内容完整，故事情节生动，主题思想突出，是蒙古族传统文化沉淀最丰富、语言最优美的一部英雄史诗，在德都蒙古文学史上称其为民间口头传承文学三大经典之一，已被列入国家级非物质文化遗产名录。

此外，还有德都蒙古的传统医学，蒙古族的工艺有雕刻、刺绣等。

德都蒙古有那达慕、敖包祭祀等传统民族节日，保留着许多古代蒙古族传统习俗。"德都蒙古那达慕"被国务院批准为国家级非物质文化遗产保护项目，充分体现了它的重要价值。

德都蒙古那达慕

德都蒙古那达慕，是可参与、可体验的德都蒙古文化。

那达慕大会是蒙古族人民具有鲜明民族特色的传统活动，也是蒙古族人民喜爱的一种传统体育活动形式。

"那达慕"是蒙古语的译音，意为"娱乐、游戏"，以表示丰收的喜悦之情。每年农历六月初四（多在草绿花红、马壮羊肥的阳历七八月）开始的那达慕，是草原上一年一度的传统的群众性盛会。

1206年，成吉思汗被推举为蒙古大汗时，就举行过盛大的那达慕。镌刻在石崖上的《成吉思汗石文》记载，1225年，为庆祝蒙古军西征胜利，曾举行盛大的那达慕。1260年，元世祖忽必烈在上都登基时也举行过那达慕。那达慕制度既定于元朝。

到元、明朝时，射箭、赛马、摔跤（蒙古族传统的男儿三技）比赛结合一起，成为固定形式。

清代，那达慕逐步形成由官方定期召集的有组织、有目的的游艺活动，以苏木、旗、盟为单位，半年、一年或三年举行一次。

服饰展示 乌席勒／摄

草原那达慕盛况 · 乌席勒丫 摄

现代那达慕除举行传统的"男儿三技"、蒙古象棋等赛事外，还增加了文艺演出和建设成就展示、商贸物资交流等内容。

德都蒙古那达慕，既有海西州州一级举办的那达慕，也有县市级举办的那达慕。目前，海西州举办的德都那达慕大会，已经举办九届。而各县市级单位，也在择机举办。

赶在草原牛羊肥美时，打卡海西州那达慕。

摔跤：摔跤是蒙古族特别喜爱的一种体育活动，也是那达慕上必不可少的比赛项目。蒙古族的摔跤有其独特的服装、规则和方法。因此，也叫蒙古式摔跤。摔跤手要身着摔跤服，足蹬马靴，腰缠宽皮带或绸腰带。著名的摔跤手的脖子上缀有各色彩条"江嘎"，这是摔跤手在比赛时获奖的标志。摔跤技巧很多，可以用捉、拉、扯、推、压等十三个基本技巧演变出一百多个动作。"布裤者，专诸角力，胜败以仆地为定"。摔跤选手膝盖以上任何部位着地者为负。

赛马：精骑善射是蒙古族牧民的传统技艺，通常把是否善于驯马、赛马、射箭、摔跤作为鉴别一个优秀牧民的标准。赛马为蒙古族男儿三技之一。参加者有时全是少年，有时不分年龄，具有广泛的群众性。赛马项目包括快马赛、走马赛、颠马赛。蒙古族赛马不分男女老少均可参加。少则几十人，多则上百人，一起上阵，直线赛跑。为了减少马的负荷量，不论老少，大都不备马鞍，不穿靴袜，只着华丽彩衣，配上长长彩带，显得格外英武。

射箭：蒙古族射箭比赛分近射、骑射、远射三种。近射时，射手立地，待裁判发令后，放箭射向箭靶，优者为胜；骑射时，射手骑在马上，在马跑动中发箭，优者为胜。比赛不分男女老少，

射箭 蔡永生／摄

拔河 蔡永生／摄

赛马 蔡永生/摄

凡参加者都自备马匹和弓箭，弓箭的样式，弓的拉力以及箭的长度和重量均不限。比赛的规则是三轮九箭，即每人每轮只许射三支箭，以中靶箭数的多的定前三名。

德都蒙古孟赫嘎拉

大会期间，同时举办的还有"孟赫嘎拉"。

"孟赫嘎拉"系蒙古语，意为永不熄灭的火焰。

"孟赫嘎拉"节是以弘扬民族文化、加强民族团结、促进经济发展、构建和谐社会为宗旨，在我国内蒙古、甘肃、青海等8个省自治区蒙古族群众中开展的一项民族文化品牌活动。

"孟赫嘎拉"文化艺术节主要有传统手工艺（刺绣、雕刻、编织）、传统美食（奶食、素食、肉食）、传统服饰（男、女）、火镰取火技艺、传统民歌（长调、短调）、传统祝词、传统说唱、诗歌、马饰等15项传统赛事活动。

当然，那达慕召开必是草原景色秀丽，牛羊最肥、奶酒最醇的季节，所以，大快朵颐也是保留项目之一。

此时，会有漂亮的蒙古族姑娘手捧银盏和哈达，以百灵鸟般的歌声，高唱德都蒙古的《敬酒歌》向你走来——

用我们民族古老的习俗，
用我们满怀深情的心意，
为远方的客人敬上一杯马奶酒。
尊敬的客人，
请您一定要喝上这杯甘露美酒，
这酒包含着我们对您的尊敬之心，
也包含着我们对您的美好祝福。

草原雄风 非我 / 摄

CHAPTER 08

走世界最咸的路，看世间最蓝的水——柴达木盐湖游

泛舟翡翠湖 卫建民／摄

没有糖，会失去滋味；没有盐，将丧失生命。

盐 97% 以上是氯化钠，钠是作为人体所需的电解质、渗透溶质的作用，也是人体必需的元素之一。身体需要钠来调节体液水平并保持健康的血压，以及传递神经信号和收缩肌肉。

在动物世界，大象寻找盐不惜奔波几百千米，山羊跋涉在悬崖峭壁上只为舔舐一口含盐分的水。盐，是古代王朝重要的战略资源和经济支柱，谁把控了盐就把控了世界。

盐的种类有海盐、井盐、矿盐、湖盐、土盐等。

按颜色分，有红盐、青盐、白盐等。

走进柴达木，就走进了天然的大盐湖。

茫崖翡翠湖 乌席勒 / 摄

柴达木的盐

可能十年前人们都不会想到，柴达木的盐居然成为旅游资源，而且还是最抢眼的资源。这一切都还要从柴达木盆地的成因说起——

柴达木盆地是中国三大内陆盆地之一，属封闭性巨大山间断陷盆地。它位于青海省西北部，青藏高原东北部，四周被昆仑山脉、祁连山脉与阿尔金山脉所环抱，面积约 25 万平方千米。

青海省海西蒙古族藏族自治州的主体就是柴达木盆地。

"柴达木"为蒙古语，意为"宽广、辽阔"，但还有一种说法，就是"盐泽"。专家们依据很多，但很难有定论，人们就叫"宽广的盐湖"，或者"巨大的盐盆"，更接地气。

因为这里的"盐"，就决定了柴达木的本质是"咸的"。据说，柴达木的盐能供全地球人吃一千年。仅从这个概念就知道，柴达木实质上就是一个巨大的盐湖，表层盐碱结痂，地下盐水澎湃。

柴达木盆地的盐资源有三个特点：

一是储量大。柴达木盆地盐储量为 600 多亿吨，占全国探明储量的一半以上。它不仅是中国盐矿之最，也是世界盐矿之冠。

二是品位高。东台吉乃尔湖和一里平盐湖，卤水中锂含量比美国同含盐湖高出 10 倍，比其工业开采品位高出 50 倍。

三是类型全。分布相对集中，资源组合好，其中钠盐探明储量 530 多亿吨；硼探明储量 1100 多万吨，占全国总储量的一半；氯化镁探明储量约 20 亿吨。

若铺设一条 6 米厚 12 米宽的盐桥，可以从地球通达月球。

因此，柴达木盆地又称为"盐的世界"。

掀开柴达木的盐盖子，盐水深似海。

茶卡盐湖——天空之境、天空一号

"人一生必去的 50 个地方"之一，茶卡盐湖荣耀入选。

"茶卡"是藏语，意即"盐池"。

茶卡，位于青海省海西州乌兰县境内，距离乌兰县成约 70 千米，距离德令哈市约 200 千米，距离西宁约 300 千米，自古就是丝绸之路南道重要驿站，是海西州的东大门。

茶卡盐湖，平均海拔 3059 米，湖面面积 154 平方千米，景区面积 30 平方千米。

目前，茶卡盐湖有两个挂牌景点，一个是"天空之境"，一个是"天空一号"，两个景点都是茶卡盐湖，只是两家不同的公司在管理运营，是一座湖开的两个门面。

团队游自有导游安排，自驾游的散户就得提前做好攻略，进了"天空一号"就没必要进"天空之境"，进了"天空之境"就没必要进"天空一号"。

"天空一号"起步较晚，是 2019 年开发的，但也后起直追，瞬间红透。两个景区相距 20 千米，两个景区的景点各有特色。"天空之镜"有小火车、特色栈道，"天空一号"的日出日落尤为美丽。

"天空之境"开发较早，属于老景区，造势迅猛，瞬间红透网络。

天空之境 乌兰文旅提供

茶卡盐湖 乌兰文旅提供

景区以"天空之境"而得名。盐湖四周雪山环绕，倒影交织，恍若一面天然明镜。因其旅游资源禀赋可与玻利维亚乌尤尼盐沼相媲美，借名挂号，也将这里称为中国"天空之境"。它是"青海四大景"之一，是国家地理杂志评选的"人一生必去的 50 个地方"之一。

2018 中国西北旅游营销大会暨旅游装备展上，茶卡盐湖入围"神奇西北 100 景"榜单，被评定为"AAAA"景区，门票价格每张 70 元。

茶卡盐湖以中国"天空之境"迅速蹿红互联网络，成为旅游热点，也成为网红打卡地，但也因前期旅游开发尚不成熟，景区接待不力被吐槽。加之后期追加开发"天空一号"景点，后经深度开发，餐饮、住宿、交通、游玩等配套到位，日接待量达数万人。

每到夏季暑假，两个景区门庭若市。

在这里旅游，有四个必备项目要参与：一是欣赏盐雕艺术群，二是乘坐环湖小火车，三是盐湖照相，四是了解工业制盐。

一是欣赏盐雕艺术：从神话到历史，让历史变神话。

雕塑由穆瑶洛桑玛女神像、盐帝制盐、西王母宝瓶等大型盐雕艺术群构成，是茶卡盐湖一道瑰丽的风景线，创造出"最大户外盐雕艺术群认证"的世界纪录。据了解，这些盐雕以盐湖原盐和卤水为原料，经过创新和独特的艺术手法，展现迷人的艺术奇观，实现了天然盐晶和雕塑艺术的完美结合。

二是乘坐环湖小火车：火车盐上跑，人在景中游。

盐湖景区宽阔，纵深长，徒步在高原不但耗费体力，且在灼烈的阳光下也是不讨好，那么走进盐湖最好的方式就是乘坐小火

茶卡小火车

车。这些乖巧可爱的小火车，嘟嘟拉响汽笛，奔驰在水镜之间，本身也是一景。小火车一站一停，游客可根据自己的审美选择上下车，每个景点游客随意暂停时间，长短自由。火车循环开，游客随意坐。最终，终点在起点处，形成一个闭环。得记住，小火车票不在门票之内。

三是盐湖照相：天空之境，境由心造。

雪山撑着蓝天，蓝天携着白云；白云压着湖面，湖水倒映蓝天。那天，蓝得透彻，没有一丝杂质；那云，白得耀眼，像盛开的花朵；那水清澈见底，像玻璃一般通透，而且随着温度季节的变化而幻化出不同的颜色。在这水天一色，天地如镜的地方，最好的就是将自己装进去，倒映天空之境，成为水天一景。将一瞬间，定格成永恒，成为人生回忆。不在乎非要如神如仙，为了增加影视色彩效果，你可以披上红丝巾，或者租条红裙子，人由心情展开，手机咔嚓一响，你完全有信心反复翻动手机，如醉如痴。

自己照相不要钱，充足电就行，你完全可以多拍几套照片，甚至赤足走进盐湖（在允许的地方），掬水扬盐，自美自乐，怎么都行。

盐水有消毒杀菌功效，从盐水中出来，到淡水处冲洗干净就行。

当然，还有两个项目也可以参与：一是登塔观景，有观景塔，登高望远，可以俯视整个茶卡盐湖；二是坐船巡湖，你也可以买票坐游船，在碧波荡漾的盐湖上兜上一圈，近距离领略盐湖制盐的千年工艺，以及感受船在画中游的美感。

出了景区，还可以顺便采购一两只盐袋。因为茶卡盐俗名"青盐"，李时珍《本草纲目》载："西海有盐池，所产青盐可明目、消肿"，还有健体"固牙乌发"和"驱邪"的功效。而国人以为，盐中佳盐，首推青盐。用青盐开发的盐袋，有消肿去痛治风湿之功效，可以采购几只敬老、自用或赠友，天涯海角都可快递。

大柴旦盐湖："翡翠湖"一鸣惊人

大柴旦，荒漠中一座荒凉的城，位居德令哈之西200多千米，其他物象转眼就会淡忘，此地唯有"翡翠湖"将会刻骨铭心。

大柴旦隶属于海西州，行政名叫大柴旦行政工作委员会，行委驻地在大柴旦镇。人口2万，以汉族为主，还有蒙古、藏等少

大柴旦翡翠湖 陈静 / 摄

数民族。面积约 1.1 万平方千米。1960 年为大柴旦市，1964 年撤市设镇，1992 年撤镇设行委，1993 年又恢复大柴旦镇。

大柴旦位于海西州中北部，北与甘肃省毗连，距离甘肃敦煌 340 千米，是"敦格公路"重要的驿站，也是 20 世纪 50～60 年代青海石油工业开发重要的工业重镇和后勤补给站。

大柴旦因孤独的气象，屡屡进入文学的视野，被很多作家书写。比如西部作家刘玉峰的长篇小说《往西就是当金山》，非我

茫崖翡翠湖 胡林庆 / 摄

的中篇小说《花海子客栈》（入选《小说选刊》），都是取材于这里。

近年来，因为"甘青旅游大环线"的开通，它以游客的短暂停留而成为自驾游不可或缺的后勤补给站。干脆，它也顺势成为旅游热点。

比如，"翡翠湖"就是游人的打卡热点。

据悉，主题剧情片《送你一朵小红花》中的"神仙湖泊"取景地就是青海大柴旦翡翠湖。

这样的景色走进影视，一点都不为奇怪。

大柴旦翡翠湖出身"漫不经心"，它一直都没有经过刻意打扮，就是盐湖采掘后留下的深坑，经过蓄水而成。蓄水而成的盐湖本地人也没有当回事，到处都是那样的盐水湖泊，清澈透亮，倒映着蓝天，司空见惯，见惯不怪。倒是那些在大柴旦旅游歇脚的人，以稀奇的眼神盯着那几汪盐水出神，便奔过去，记录在自己的微博或者个人媒体，静水也激流。那些照片在互联网世界里被开了光，被炸了网，于是，还被美其名曰"翡翠湖"横空出世，誉满神州。

捂也捂不住，于是，大柴旦翡翠湖被迫面世待客。

其实，大柴旦翡翠湖属硫酸镁亚型盐湖，是海西州第三大人工湖，面积达 26 平方千米，出产品质好的钾、镁、锂等多种元素，是原大柴旦化工厂盐湖采矿队采矿区，经多年开采形成采坑，坑内盐水由淡青、翠绿以及深蓝的湖水辉映交替、晶莹剔透，宛若"翡翠"，因此得名"翡翠湖"。

相比茶卡盐湖，大柴旦翡翠湖是藏名深闺，它的颜色却更加摄人心魄，是青海的"青色"代表色。大柴旦翡翠湖并不是一个完整的湖泊，而是由许多大小不一的湖泊组成的，在蓝天白云衬托下，格外艳丽，从远处望去，就像一片片玛瑙翡翠。

大柴旦翡翠湖，在抖音上大火。

目前，政府为了方便游客，景区增置了一些必须设施，基本能满足停车和如厕所需。没有深度开发，也不需要买门票，相当于一个"野湖"，拥有更多的自然之趣。当然，为了配套旅游开发，它将以"门票"跟游客见面也是必然的。

茫崖花土沟："翡翠湖"湖映昆仑

距离德令哈以西680千米，即将越界进入新疆的地方，有一个茫崖市。茫崖市是海西州所辖的县级市，成立于2018年，被网友称为是"中国最年轻的城市"。市驻地在花土沟镇，四周皆茫茫戈壁，属于典型的"无人区"，又被网友称为"中国最孤独的城市"。

"最年轻""最孤独"，茫崖这两个标签满网络飞。

其实，花土沟最早来源于20世纪50年代中国石油在这里落脚开发石油天然气，中国石油青海油田的采油基地就驻扎在花土沟，每年为国家奉献200多万吨石油。就连"花土沟"也是石油人对这片土地的深情命名，它在中国石油史上举足轻重。

因此，本地人还是喜欢叫花土沟"石油城"，这是它本来的容颜。当你停留花土沟，那满街道的石油人的红衣火苗一样跳跃，

透彻心扉 茶卡盐湖提供

那就是高原石油人的风景线，想忘也忘不了，想抹也抹不掉。

石油，是它的内涵，也是它的外延。

60多年来，花土沟都保持着自己孤傲的个性，与世无争。但近些年来，当"甘青"旅游大环线的开通，静默在高原深山的花土沟也被迫出道，并以多维的面孔开店迎客。

旅游，打开了花土沟的格局。

紧接着，花土沟机场开通，花土沟高速公路开通，花土沟火车站建成，库格铁路开通，公路、铁路、航空三位一体交通网络形成，花土沟就成了"邻甘、环疆、通藏"十分重要的地理所在。

按照古代兵法，这就是军事要塞、兵家必争之地。

现在和平盛世，各民族在这里像石榴籽一样紧紧抱在一起，花土沟共享天下太平，在旅游上它被叫响的就是"翡翠湖"，还有一个"艾肯泉"。

在"翡翠湖"的命名上，茫崖跟大柴旦没有商量。

幸好都是自家人，不然相争不安。

照江湖规矩，茫崖完全可以对这片令人迷幻的盐水湖重新命名，这个景区的发现者和打造者们有这个才华。但可能有些事来得太突然，还没有做好待客的准备，游客就已经亟不可待地掀帘而入。

那些游客有可能是刚从大柴旦的翡翠湖过来，来到茫崖，还以为是那汪湖水移位呢，就顺舌头也叫"翡翠湖"。茫崖文旅局

茫崖翡翠湖 乌席勒 / 摄

还没反应过来，"茫崖翡翠湖"早已满网络飞传如花，想改都来不及了。

只要大柴旦翡翠湖不误会，茫崖翡翠湖也就心安理得。

于是，茫崖文旅局还在盐湖里栽了一块牌子，名曰：茫崖翡翠湖。

茫崖翡翠湖，位于海西州茫崖市尕斯湖东部边缘，花土沟镇西南侧，距镇政府所在地约23千米。南依昆仑山，北靠阿尔金山，是一个富饶而美丽的人工盐湖，似乎一夜之间就成为热门景点。

毫无例外，茫崖翡翠湖也是一个人工盐湖，属硫酸镁亚型盐湖，面积约为26平方千米，平均深度为0.5米。因为盐湖的工业化开发正如火如荼，翡翠湖也将越来越大。

这里曾经只是青海油田的生产作业区，那些盐水坑可苦害了钻井、采油作业，石油工人们视之为灾难，如今，当钻机撤去，石油人挪开，盐湖水上溢，一片汪洋，盐碱大地转身变废为宝，

大美茫崖 茫崖文旅提供

盐水坑成了翡翠湖，成了游客云集的旅游胜地。

茫崖的翡翠湖比大柴旦的翡翠湖更大，气势更磅礴。

因为盐湖化学成分的相似性，两者略有所别，但几无二致。

茫崖翡翠湖的可欣赏度和未来可开发远景，都比茶卡盐湖和大柴旦翡翠湖更具有期待值，这是不争的事实。当茫崖花土沟对外旅游接待硬件、软件到位，这里将成为海西州盐湖旅游又一个爆火景点。

而且，茫崖翡翠湖更有人文价值。

茫崖翡翠湖目前也是景区和油田生产区同在一起，置身景区，视野可见钻机高耸、采油树林立，碧水倒影，波光粼粼，好一幅秀美的工业画卷。而且，翡翠湖北畔，就是茫崖市著名的大山——英雄岭。

英雄岭，一个荡气回肠的地名，是青海油田的精神坐标。

英雄岭山脉源起于老茫崖，向阿尔金山脉匍匐隆起，两翼向南翼山、尕斯湖延展，绵延 109 千米，仿佛巨龙卧地，沉睡千年。
山岭最高海拔超过 4000 米，寸草不生，沟壑纵横，道路崎岖，
危峦叠嶂。

英雄上高山，高山出英雄。

英雄岭倒映在翠绿的湖水里，光照条件好的情况下，就着湖
水看英雄岭，你都能看清那每一条沟壑，每一个山峰，它们粗狂
而细腻，充满生命的蓬勃之力。

昆仑山下格尔木：世界之最，浩瀚若海

其实，在海西州最雄阔堪称"世界之最"的大盐湖，还是昆
仑山下的格尔木市的察尔汗大盐湖。

因为察尔汗，格尔木也被称之为"盐城"。

格尔木距德令哈约 325 千米，距大柴旦约 200 千米，距茫
崖约 450 千米，距离西宁约 770 千米，距西藏拉萨约 1150 千米。
从地理上说，也是相当孤独的一个高原城市。

格尔木因 20 世纪 50 年代青藏公路的修建，打通世界屋脊
至西藏拉萨的天堑而闻名于世，自此部队驻扎，担负西藏后勤保
障，因此被称为"兵城"。还因为青海油田在此建设了青藏高原
唯一一座百万吨炼油厂格尔木炼油厂，因此也被称为"油城"。

"盐城""兵城""油城"，这些标签的赋予，说明多维的
格尔木在高原具有独特的价值存在。

抛开它"兵城""油城"的身份，就着咸的气息，走进"盐

城"之察尔汗。

　　察尔汗盐湖与之前介绍的"茶卡盐湖""大柴旦翡翠湖""茫崖翡翠湖"相对比，首先气势夺人，那三个地方是盐湖，这里是盐海，碧绿的湖水荡漾，波涛浩淼，仿佛置身一片汪洋。

　　确实，亿万年前，柴达木这里曾是汪洋大海，由于青藏陆地

察尔汗盐湖盐花　盐湖公司文旅提供

隆起导致海陆变迁，柴达木变成了盆地。察尔汗盐湖就是柴达木盆地最低洼的地区。柴达木有百多个大大小小的湖泊，察尔汗盐湖最大、最有名。

"察尔汗"是蒙古语，意为"盐泽"。

察尔汗盐湖，位于柴达木盆地南部，由达布逊湖以及南霍布逊、北霍布逊、涩聂等盐池汇聚而成。盐湖东西长160多千米，南北宽20~40千米，盐层厚约为2~20米，面积5800平方千米。

这里是我国最大的钾盐生产基地，盐湖卤水中还伴生有镁、锂、钠、碘等数十种矿物质，其中仅氯化钾储量就达到1.45亿吨，占全国的97%；氯化镁储量近17亿吨，氯化锂储量825万吨，

察尔汗盐田 盐湖公司文旅提供

均居中国首位，仅氯化钠就储藏 500 亿吨，可供全世界的 60 亿人口食用 1000 年。察尔汗盐湖潜在的开发价值至少在 12 万亿元左右。

盐湖上工厂林立，楼房高耸，采盐船忙碌，吊臂高悬，车辆穿梭，一排繁忙盛景。远远望去，宛若水中孤岛，恰似海市蜃楼，别有一番趣味。经过几十年的开发建设，目前现已建有中国最大的钾肥企业青海盐湖钾肥股份有限公司（原青海钾肥厂）产量已经超过 400 万吨。

察尔汗盐湖还出产闻名于世的光卤石，它晶莹透亮，十分可爱。伴生着镁、锂、硼、碘等多种矿产，钾、盐资源极为丰富。湖面板结成盐盖，异常坚硬，一条长 32 千米的公路和铁路在盐湖上穿行而过，是一座浮在卤水上的"万丈盐桥"，它的名字响亮了半个多世纪。

打卡察尔汗，盐湖拍照是必选节目。不仅仅要将自己融入这美轮美奂的盐湖水景中，这里还有一种独特的景致会让摄影爱好者流连忘返。在盐湖中可以看到一种奇特的盐貌——盐钟乳和盐花。这里的盐花鬼斧神工，形如珍珠、珊瑚，或状若亭台楼阁，或像飞禽走兽，一丛丛，一片片，一簇簇地立于盐湖中，把盐湖装点得美若仙境。

盐花出镜，天下无敌。

因此，每年前来观看盐花奇观的国内外旅游者多达数万人。

CHAPTER 09

丝路南道——锦绣都兰

"都兰"系蒙古语，意为"温暖"。

温暖的都兰坐落于柴达木盆地东南隅，傍山依河，瀚海绿洲，灌溉农业发达，是柴达木盆地重要的粮食、经济作物种植地，也是重要的交通和人类文明驿站。

当古丝绸之路北道（丝绸之路河西道）被战争阻隔，古丝绸之路南路（丝绸之路青海道）就被驼掌和马蹄打开，那些自东而西的丝绸和瓷器，在金城（兰州）一个闪盹，便径直朝河湟流域开道，过西宁湟水河谷，沿青海湖岸西渡，进入柴达木盆地。

八百里瀚海横渡，一条丝绸的走向往往命运无常。

于是，丝绸再作二分，一部分经德令哈大柴旦翻当金山到甘肃敦煌，抵达阳关玉门关出关到西域，另一部分经都兰，横穿柴达木盆地经尕斯口（茫崖）出关到西域。所以，都兰是古丝绸重要的交通和文化承载，其地域文明遗迹，至今熠熠闪光。

九层妖塔——探秘热水古墓群

都兰，是海西州下辖的县级治域。

都兰，是一个少数民族聚集区，由汉、蒙古、藏、回、土、撒拉族等19个民族组成，距德令哈200千米，距格尔木340多千米，距西宁420多千米。青藏公路和青藏铁路贯穿全境。

都兰县是一个具有独特旅游资源的县份，丰富的自然景观和深厚的历史文化为开发旅游业创造了得天独厚的条件。壮观的吐谷浑吐蕃古墓群，历史悠久的诺木洪古文化遗址，著名的都兰国际野生动物观光园，爱国教育基地香日德班禅行辕，旖旎的草原风光等，构成了一幅迷人的高原盆地画卷。

当代人80后的年轻群体，绝对熟悉《鬼吹灯》。

最早发布于论坛贴吧的悬疑小说《鬼吹灯》一度风光无两，由此开辟和引领了一种小说书写样式。《鬼吹灯》系列故事以三位当代"摸金校尉"，利用风水秘术，解读天下大山大川的脉搏，寻找那些失落在大地上的一处处秘境，鬼怪神灵，惊心动魄，以奇绝的想象力探秘离奇诡异的另类世界，揭开一层层远古的神秘面纱。

2015年，导演陆川以电影的形式执导《九层妖塔》向《鬼吹灯》致敬。《九层妖塔》电影改编于《鬼吹灯》之第一部《精绝古城》，主要讲述探险队成员胡八一和Shirley杨深入昆仑山腹地，在神秘组织749局的介入下，揭开了一段人类与鬼族时隔千年的秘史。

在电影的推波助澜下，《鬼吹灯》更加鬼魅。

电影《九层妖塔》之妖塔九层，就是都兰热水古墓。

都兰热水古墓群景区，民间俗称"九层妖塔"。

若对《鬼吹灯》着迷上脑的游客，此地必须打卡。当然，根据文物保护法，拒绝当代"摸金校尉"到此一游。

古墓群景区距离都兰县城约30千米。

该古墓群属唐代早期大型墓葬群，共有墓葬200余座，其中最大的墓葬坐落在一座自然山丘之上，墓冢背靠热水大山，俯视察汗乌苏河，高出地面约30多米，远望犹如城阙一般雄伟壮观。

这座墓葬封土堆高11米，东西长55米，南北宽37米。墓堆下还有三层泥石混凝夯成的石砌围墙，每层位高1米，宽3米。

热水古墓 都兰文旅提供

其上是泥石混凝夯层，以及砂石夯层和夯土层组合而成的幕墙。墓冢自上而下，每隔 1 米左右便有一层排列整齐、粗细一致的柏木和泥石垒砌的层隔，有 9 层之多。这种封土堆构筑形式和风格，为我国以往考古发掘中所仅有。——这，正是江湖传说的"九层妖塔"之由来。

"殉牲""殉人"是原始社会、奴隶社会和封建社会的墓葬形态。这里发掘了庞大的动物殉葬遗迹（在夏日哈一号墓、智尕日三号墓也发现了殉人）。大墓正前方是一条长 50 米宽 30 米的动物献祭场，中间是 5 条陪葬沟，共出土 87 匹完整的马。两旁共有 27 个殉狗坑，分别殉葬牛头、牛蹄和狗。

墓主人带走的还有他所在时代创造的人类文明。

因为人类这种"私欲"性的存在，也为人类保存了文明的物证。

　　在墓群出土的文物有：织锦袜、皮靴、金银器、漆器、陶器、木碗、木碟、木鸟兽、罗马金币、波斯银币和一批绵、绫、绢、缂、丝等丝绸织品，是不可多得的稀世珍品，图案中有花草树木、车马人物、珍禽异兽等。其中的佛像、西域人图像和织锦袜是全国首次发现，为我国以往考古发掘中有所仅见。

　　在众多的随葬品中，有古代皮靴、古藏文木片、古蒙古族文木牍、彩绘木片，以及金饰、木碗、木碟、木鸟兽和大量绚丽多彩的丝绸遗物。这些丝绸遗物质地良好、图案清晰、花纹艳丽、色泽鲜明、品种齐全、织造技艺精湛，时间跨度大（6世纪末至8世纪后半叶），是不可多得的珍贵历史文物。

　　出土的丝绸织物中，织金锦、缂丝、嵌合组织显花绫、素绫等均属国内首次发现。在西方织锦中发现独具浓厚异域风格的粟

出土文物　都兰文旅提供

特锦，数量较多；一件织有中古波斯人使用的钵罗婆文字锦，是
目前发现的世界上仅有的一件确证的 8 世纪波斯文织锦。图案有
奇花异草、珍禽异兽、车马人物等。其中佛像、人物射猎、西域
人图像、织锦袜等是我国第一次发现的珍品。

而且还发现了粮食陪葬品，这只有显贵墓中才有发现。

柴达木都兰县热水古墓群的发掘，对研究吐蕃文明史，研究
唐代中国西部地区的墓葬形制和当地与中亚地区的文化交流，以
及对藏族族源的探讨均有重要价值。

墓葬中出土的大量丝织品，有力地证明了从南北朝晚期到中
唐时期（6 世纪末至 8 世纪后半叶），丝绸之路青海道是丝绸之
路上的重要干线和东西方贸易的中转站，其地位绝不亚于河西
走廊。

诺木洪古文化遗址——柴达木的远古文明

从唐朝吐蕃墓葬群出来，假若对古文明这类游览还有兴趣，
那么继续沿着时间的河岸回溯到 3000 年前的柴达木盆地的另一
处古文明遗址，那便是都兰县诺木洪古文化遗址。

诺木洪文化遗址位于青海省柴达木盆地南部的诺木洪乡，是
中国解放以后新发现的一种古文化遗存，有着独特的文化内涵，
因首先发现于柴达木盆地都兰县诺木洪，故考古学上称之"诺木
洪文化"。

诺木洪文化相当于中原地区青铜器时代晚期文化，距今约

3000 年历史，遗址和出土文物证明古诺木洪的物质和精神生活方面达到一定的水平，也彻底否定了柴达木自古无人烟的说法。

该文化遗存相当于中原地区青铜器时代晚期文化，是青海高原特殊环境下的土著文化。诺木洪文化主要分布于柴达木盆地东南部的诺木洪、塔里他里哈、巴隆他温陶亥、香日德下柴克、上柴克、察汉乌苏夏日哈、可儿沟等 20 余处，对中国羌族、吐谷浑文化的研究，有着重要价值。

诺木洪文化遗址范围东靠海西哇河，西临塔里他里哈村，面积约 5 万多平方米。遗址由三个小沙丘组成，呈品字形，三个沙丘之间是一片天然广场。其文化遗存主要是房子、土坯围墙、牲畜圈栏和本棺墓葬及大量出土文物。土坯围墙是以黄土土坯叠砌而成，土坯呈长方形。围墙有两种，一种是平面呈椭圆形或卵圆形，一种是呈长方形或不规则长方形。房子都是方形或圆形的木结构建筑。另外还有一座大型牲畜圈栏，平面呈椭圆形。

在近半个世纪的考古发掘中，已发现房屋残迹 11 处，土坯坑圈 9 处，木栅栏 1 处，瓮棺式墓葬 3 座，同时出土了数千件石器、陶器、骨器、铜器、木器，毛皮缝制品等历史遗物。

根据遗址考古发现，可以证明：

一是羌人社会畜牧业发达：诺木洪文化的居民以畜牧业为主，证明先秦时期羌人社会已存在较发达的畜牧业经济。

二是藏毯起源于青海：在距今三千年前，散居于青藏高原的羌人已经掌握了毛纺织和染色技术，可以织出几何图案的彩色毛席。

三是进入新石器时代：遗址中发现的石刀和石斧说明人类学

会用石头制作生产工具便进入了石器时代。

四是吹奏乐器使用：遗址中出土的一件骨哨，证明吹奏乐器出现，使古乐器的音质朝着多音阶完美的方面迈进。

诺木洪文化是一种古文化遗存，发现证明，在遥远的青藏高原远古的柴达木不是荒无人烟的洪荒世界，人们且耕且牧，生活富足，且鼓乐相伴，文化灿烂，拥有较高的精神层次。

班禅行辕——拜谒香日德

从都兰县往格尔木正西方向 60 千米开外的一片绿洲，那里有一个小镇叫香日德镇。

香日德，蒙古语是"丰富之水"，也就是水源丰沛的意思。早在 1918 年第一批来人聚居在这里，到民国时成为屯粮基地，之后不断移民开发，使这里成为瀚海绿洲。

香日德有两个外号，一是"绿色司令部"。六七百条防护林带，两万五千多亩成林，一千七百多亩苗圃，数千万株树木，使全镇近三百平方千米的土地林木覆盖率达百分之十五，这在瀚海戈壁里确实是一大奇观。

第二个是"柴达木粮仓"。早在 20 世纪 70 年代，香日德就连续三次创造了春小麦单产全国纪录，将柴达术绿洲农业载入了世界农业史册，大面积亩产超千斤，青海省百分之八十的万斤粮户都出在这里。

这里还创造过"一个萝卜二十斤，一头大蒜一斤重；蒜如拳头豆如蒜，一亩白菜收两万"的农耕传奇。

因此，香日德成了青海省唯一一个"全国售粮模范"。

地杰，人灵。

在香日德，更因为有"班禅行辕"而名誉海外。

曾有游客对此地如此赞歌——

有些相逢，一直在原地静候

等候那个有缘人，千里迢迢，飞越戈壁和沙漠

只为，与你相遇

话说 1949 年 9 月青海解放，班禅大师从香日德班禅行辕向毛主席、朱总司令发出致敬贺电。解放后，班禅大师又多次在此

香日德班禅行辕

寺对民族和宗教工作做过重要指示。香日德班禅行辕,因此具有重要的象征意义。香日德班禅行辕于 2011 年被评为宗教界爱国主义教育基地。

寺院分为两部分,一处为宗教活动场所,藏语称"德钦颇章",就是现在的寺院。另一处是专门接待过往宗教上层人员和有关使者的食宿站,藏语称"德钦拉让",位于现香日德政府所在地。

班禅香日德行辕始建于乾隆四十五年(1780)。当时逢乾隆皇帝 70 大寿,班禅大师不畏艰险,赴京庆贺。乾隆皇帝鉴于班禅大师的丰功伟业,将香日德之地封赐予他,作为班禅往返内地的驻息地。如今,这里成了旅游景点,既可以感受香日德绿洲自然之秀美,也可以朝拜这片土地人文之灿烂。

中国最大枸杞基地——红枸杞工业旅游景区

在人们记忆中,红枸杞出产在宁夏,实则不然,柴达木的红枸杞虽后起却青出于蓝而胜于蓝,声名超前。

位于 109 国道 2598 千米处的都兰县境内,有一处五万亩枸杞种植园,是中国最大的有机枸杞种植基地之一。

2016 年,该种植基地正式评定为国家 AAA 级旅游景区。

该景区完成项目投资 2000 万,基本满足游客服务需求,景区内拥有 5 万亩的采摘基地,可容纳 2000 人深度游览和采摘体验。

大漠红枸杞旅游工业景区项目涵盖枸杞观光园、枸杞种植、

大漠红工业景区 都兰文旅提供

观光栈道、游客接待中心、骑行营地建设等。青海大漠红枸杞工业旅游景区将逐步打造成为旅游、观光、采摘、食宿、购物等集为一体的工业旅游景区，不断完善景区"吃、住、行、购、娱"基本旅游项目提高景区知名度，将景区升级打造为 AAAA 级旅游景区。

夏季，五万亩杞园碧绿，生机盎然。

秋季，五万亩杞园火红，令人沉醉。

此外，都兰还有几个独特的旅游景点也很不错，可以一日游。

都兰国际野生动物观光园

都兰国际野生动物观光园坐落在都兰县境内，距香日德镇 40 千米，观光园海拔 3 千 ～ 5 千米，总面积 120 平方千米。这

野生动物观光园（一） 都兰文旅提供

野生动物观光园（二） 都兰文旅提供

里主要有岩羊（石羊）、白唇鹿、马鹿、麝、盘羊（大头羊）、藏羚羊、狼、狐、雪鸡、猞猁、石鸡（尕拉鸡）等数40种，是青海省唯一一家对外开放，集观光、旅游、科学考察为一体的猎场。游客可以驾驶车辆参观，体验自驾的乐趣和高原风光。

海寺花海草原景区

离开都兰县城，向东行至15千米处，一片花的海洋就会展现在面前。这是一处人间仙境，草原上绿茵盖地，碧草连天，野花竞放，铺锦堆秀；各种花卉争奇斗艳，红似火、黄如金、白似雪、紫若霞，芳香醉人。附近山峦上苍松翠柏遮天，奇花异草蔽地，山、树、花、草相映成趣。此情此景，是天地、自然和谐共生的结果。

考肖图夏日冰瀑

在距离都兰县城约40千米的香加乡境内，有一宽广的山涧，这里芳草茵茵，怪石林立。山上古柏仓郁，牧草连绵，山花簇簇，山下小溪潺潺，顺溪而上，一挂15米长30米宽的冰瀑布直泻而下，飞珠溅玉，訇然有声，回荡山谷。攀上山崖，望向四周，十几眼泉水，争相涌出，迂回于山沟槽间，这一切与周围的帐篷和牧人炊烟，构成一幅迷人奇特的高原风光。

都兰海寺花海 都兰文旅提供

考肖图夏日冰瀑 都兰文旅提供

贝壳梁

在都兰县宗加镇以北约 30 千米处，有一道青白色的堤梁。远看如一条"怪鱼"横卧在荒漠之中，近看，始知这条"怪鱼"是由亿万个贝壳堆积而成的山梁，长约 2 千米，宽约为 70 米，厚 20 余米。贝壳大约铜钱，小约拇指，数以亿计的贝壳，同含有盐碱的泥沙凝结在一起，层层叠叠，千姿百态。这里原本是一片碧水浩淼的古海，而今，古海退去，陆地隆起。贝壳梁是古海的遗踪，也是沧海桑田的最好见证；是研究青藏高原地质演变的有力证据，具有较高的地质学旅游价值。

CHAPTER 10

自驾游海西——
天路的尽头是自由

探秘阿尔金 胡林庆 / 摄

"世界那么大，我想去看看。"

天路的尽头是自由——此语能让荷尔蒙荡漾、内燃机轰鸣。

中国当下兴起"穷游"和"自驾游"，特别在西部旷野里，在青藏广阔的无人区，经常可见那些走向天涯的"孤勇者"，他们为禁锢在钢筋水泥的人们提供了无数次荷尔蒙的冲动和视野里"无尽的远方"。

当然，坚决反对盲目的冲动式行走。行走必须是"量力而行"和"量体裁衣"的理性的、科学的、带有目的和思考的大地行走！

在青藏高原柴达木的几条无人区的线路，非常值得冲出身体的囚笼、放飞思绪，在静默的天地之间体验生命的孤独和寻找生

天路

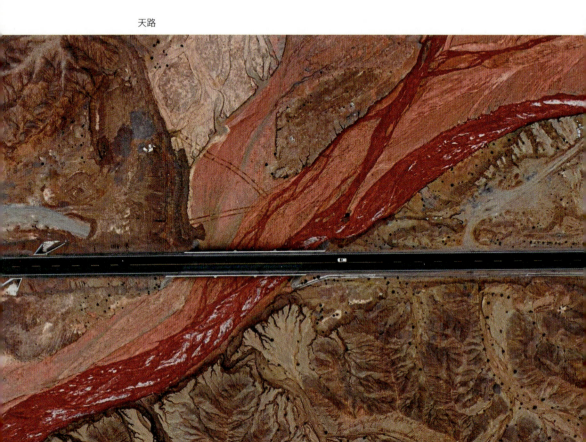

命的意义。这种体验感，会有益于你后续的人生，并可作为长久的回忆。

生命的长廊里，拒绝一闪而过的风景。

格尔木将军楼公园

有一位将军跟一座城、一条路有关。

在格尔木市有座"将军楼公园"。为一个人建一座公园，在中国比较少见。格尔木人民专门为他修建了一座公园。

走进建军楼，一个久违的名字——慕生忠，向我们走来。

格尔木之父——慕生忠说：帐篷扎在哪里，那里就是格尔木。

慕生忠（1910—1994.10.19），陕西人，1930年参加革命，1933年加入中国共产党。1949年任第一野战军民运部部长，政治部秘书长。中华人民共和国成立后，任西北铁路干线工程局政治部主任，西北军区进藏部队政治委员，中共西藏工委常委兼组织部部长，西藏运输总队政治委员。1955年任兰州军区后勤部政治委员。1961年任西藏工委工交部长。1955年被授予少将军衔。

1951年8月，当西南军区以张国华、谭冠三领导的18军从西南方向一边修路一边向西藏进军时，西北军区也组成了以范明为司令员、慕生忠为政治委员的西北进藏部队。

实质上，从北面保障西藏后勤，成为慕生忠肩头重任。

为了避免前两次进藏惨剧，运输总队对第三次进藏的路线重新做了选择。经过踏勘，他们来到昆仑山脚下。

这是 1953 年 5 月的一个晚上。

慕生忠听运粮队员说，从香日德向西约 600 多里，有个名叫"郭里峁"或"格里峁"的平川，旁边还有一条南北向小河。沿河往南，就能沿雪山边缘，越过昆仑山和唐古拉山，经黑河（那曲）去拉萨。

那天晚上，慕生忠一直在心里念叨着"郭里峁"。

经证实，"噶尔穆"是蒙古语，意思是"河流密集的地方"。他们找到一张民国时期的一张老地图，地图上还标注出从香日德通往噶尔穆的一条公路。慕生忠非常高兴，立即命助手张震寰和赵建忠带着一个小分队，去找这个叫"噶尔穆"的地方。

小分队一路走走停停，见人就问。一天傍晚，他们走到一个地方，看见一片芦苇滩里有许多黄羊和野马在追逐嬉戏，

168

将军楼公园雕塑

一派"家园"气象。张振寰立即派人回去告诉慕生忠，有可能这里就是"噶尔穆"。

慕生忠带着大队赶到，队员们还在争论着，他扫视一遍荒原，一锤定音，大声道："帐篷扎在哪儿，那儿就是'噶尔穆！'"

第二天，一块牌子插在帐篷旁边，上面写着三个大字——噶尔穆。这个由 6 顶帐篷划定的"噶尔穆"，就是后来的进藏大本营——格尔木市的雏形。

1953 年 10 月，西藏运输总队格尔木站正式成立，驻站的十多名工作人员成了名副其实的第一代格尔木人。

青藏公路之父——慕生忠，青藏天路保西藏。

前边在"驼队历史"里已经说过，前两次进藏，九死一生，虽然保障西藏解放和后勤做到了不辱使命，但人力物力牺牲太大。

慕生忠将军在青藏线上

将军两眼血泪。他想，必须修筑一条公路进藏。

1954年2月，被高原风雪磨砺得皮肤十分粗糙的慕生忠从青海来到北京，找到了交通部公路局。他提出要在青藏高原修一条公路。

没有规划，无中生有。

这时，彭德怀刚从朝鲜战场归来，慕生忠登门看望，并把修筑青藏公路的设想，给老首长作了汇报。听完汇报，彭德怀要慕生忠写个修路报告，再由他转交给周恩来总理。几天后，周总理批准了报告，同意先修格尔木至可可西里段，拨款30万元作为修路经费。

1954年5月11日，慕生忠带领19名干部，1200多名民工和战士出发了。筑路队伍在格尔木河畔、昆仑山口、楚玛尔河拉开战场，他们边修路边通车，只用了79天就打通了300千米公路，于1954年7月30日把公路修到了可可西里。

慕生忠立即召集干部会议，做出了继续向前修路的部署。随即，他又一次赶往北京，再次找到彭德怀。这一次，慕生忠满载而归，国家拨给了200万元经费，100辆大卡车，1000名工兵。

从8月中旬开始，筑路大军翻越风火山，淌过沱沱河，劈开唐古拉，剑指藏北重镇黑河（那曲），到12月15日，慕生忠率领2000多名筑路英雄，100辆大卡车，跨越当雄草原，穿过羊八井石峡，直抵青藏公路的终点——拉萨市。

慕生忠成为有史以来第一个坐着汽车进拉萨的人。

7个月零4天的时间，25座雪山被切断，1283千米的高原公路抵达拉萨，创造了新中国公路建设史上的奇迹。

12月25日，康藏、青藏两大公路的通车典礼在拉萨举行。

自此，格尔木成了保障西藏后勤物资的特供站，也集聚了众多的高原汽车运输兵，所以格尔木也叫"兵城"。

给每一座山、每一条河取一个温暖的名字。青藏公路沿途很多地名，都是慕生忠取的，如：望柳庄、雪水河、西大滩、不冻泉、五道梁、风火山、开心岭、沱沱河、万丈盐桥……

1982年5月，白发苍苍的慕生忠将军站在昆仑山口说：我死后，你们把我的骨灰撒在昆仑山上，让青藏公路上隆隆的车声伴随着我长眠。1994年10月19日，慕生忠将军逝世，享年84岁。

2006年7月1日，当与青藏公路比肩而行的青藏铁路向拉萨开出第一列火车的时候，不难想象，长眠在昆仑山上的慕生忠将军该会有多么地喜悦和自豪！

G315 西宁——德令哈段

从西宁出发，一路都是高速公路，当然也可以下高速，寻找老国道踪迹。老国道都是铺装路面，就驾驶感受，虽做不到"行云流水"，但也"自在惬意"。

这一路值得打卡的景点有：湟源丹噶尔古城、海北原子城、青海湖、茶卡盐湖、乌兰莫河驼场。

湟源丹噶尔古城：位于青海省湟源县，地处黄河北岸，西海之滨，湟水源头，距西宁市40千米。丹噶尔即藏语"东科尔"的蒙语音译，意为"白海螺"。黄土高原与青藏高原在这里结合，

奔向德令哈

掠影丹噶尔

打卡原子城

穿过青海湖

农耕文化与草原文化在这里相交，唐蕃古道与丝绸南路在这里穿越，众多民族在这里集聚，素有"海藏咽喉""茶马商都""小北京"之美称。

海北原子城：建于 1958 年，我国第一颗原子弹、第一颗氢弹均诞生于此，故称为"原子城"。在 20 世纪 50 年代，中国踏上了研制原子弹的艰苦旅程，经过再三选址在海晏县的金银滩，对外称 221 厂。这里便成了我国第一个核武器研制基地。邓稼先、王淦昌等新中国核科学家凝聚了心血，1964 年 10 月 16 日，实验成功的第一颗原子弹就是在这里诞生的。

青海湖：青海湖又名"措温布"，即藏语"青色的海"之意，既是中国最大的内陆湖泊，也是中国最大的咸水湖。由祁连山的大通山、日月山与青海南山之间的断层陷落形成。青海湖 7、8 月份日平均气温只有 15 摄氏度左右，是旅游最佳时节。青海湖生产裸鲤，又名"青海湟鱼"，受严格保护，不准渔猎。在三年特殊时期，青海湟鱼曾救了很多饥荒之中苦苦挣扎的人们。

德令哈——茫崖段

这一段主要的景点有：德令哈市区内的海子诗歌馆、柏树山、克鲁克湖、农垦小镇，出德令哈至茫崖市路段的主要景点有大柴旦翡翠湖、G315U 型公路、水上雅丹、南八仙魔鬼城、茫崖翡翠湖、艾肯泉，以及花土沟石油城。

G315U 型公路：在国道 315 线 757 千米公路里程碑处，因

G315U 型公路　茫崖文旅提供

为沙漠地势起伏，道路要跨越一道道深堑，落差比较大，道路设计依势而行，没有做垫基处理，"无意插柳柳成荫"，成型后的道路两端起伏巨大，驾驶在上面有逼人的凌空失重感，给人特别的奇异体验。加上网络上的推波助澜，此路段成为 315 国道自驾者必去打卡的景点，旅游旺季人满为患，也车满为灾。路边警示牌提醒，得注意安全。

水上雅丹：又名乌素特雅丹地质公园，距德令哈 340 千米、大柴旦 240 千米，紧靠国道 315 线，处于甘青旅游大环线上的重要景点。乌素特雅丹地质公园历经千万年的地质运动和时空演变，孕育而成世界面积最大、最为壮观的雅丹群落。这里本来没有水，因山洪暴发，发源于昆仑山的那棱格勒河河水改道，淹没了这片区域，形成了水上雅丹地貌。春秋季节，成群的水鸟和野鸭，或翱翔在湛蓝的天空中，或戏水在微光波映的湖水里，被游客们称作"百鸟千岛湖"。目前，该景区已经商业开发，吃住玩游于一体，游客可尽享沙漠水世界乐趣。

南八仙魔鬼城：南八仙，它是由一列列断断续续延伸的长条形土墩与凹地沟槽间隔分布的地貌组合，被地质工作者称为雅丹地貌，是迄今国内发现最大的风蚀土林群，分布面积达千余平方千米。因其奇特怪诞的地貌，飘忽不定的狂风，由于地形奇特而生成的诡秘的风声，再加上当地岩石富含铁质，地磁强大，常使罗盘失灵，导致无法辨别方向而迷路，被世人视为"魔鬼城"。南八仙地名的由来，传说 20 世纪 50 年代中期，有八位南方来的女地质队员，为寻找石油最终因迷失方向而牺牲在这里，为纪念她们，此地被署名为"南八仙"。

艾肯泉：艾肯泉位于海西州茫崖市花土沟镇莫合尔布鲁克村，艾肯泉直径有 10 多米，泉眼如同沸腾的开水，不断翻滚上涌，泉眼周围硫磺矿物质长期沉淀，色彩斑斓。从空中俯瞰，泉眼与喷涌出的泉水以及周围土地上深红色环带状的沉淀物，组成了一个奇特的瞳孔造型，仿佛一只镶嵌在大地上的眼睛。被称为"大地之眼""恶魔之眼"。最早记录此地的是百年前俄罗斯探险家普尔热瓦尔斯基其著作《走向罗布泊》一书。

花土沟石油城：花土沟镇是海西州茫崖市委辖镇，是茫崖行委的政治中心、文化中心、商贸中心，位于青海省西北，北与新疆自治区接壤。花土沟是中国石油西部重镇，青海油田的石油生产基地。

1954 年，石油勘探队员受国家之命，一路艰辛挺进人迹罕至的柴达木盆地，最早就落脚花土沟。20 世纪 70 年代发现尕斯库勒油田，开启了花土沟长达 50 多年的石油生产，至今年产原油在 200 万吨以上。因为石油，花土沟名声在外，既是 315 国道重要的驿站，也是古"尕斯口"的关隘所在地，历史人文悠久。花土沟有"油砂山石油露头""千佛崖""英雄岭"等工业景点。

出茫崖花土沟，就是新疆辖地。

自驾 G315，既能欣赏沿途自然风光，也能领略历史人文风景，是一条集大成的西北交通大道，它辟通了青海、新疆两省区的条条天险和戈壁瀚海，串联起了两地悠久的人类文明，实乃一条"文明荟萃大道"和天际线上的"自然景观长廊"。

自驾 G315，主要是放飞心情。

在高天流云之下，你会心旷神怡，特别是在孤寂的荒原里，

穿越大漠　茫崖文旅提供

茫崖艾肯泉 卫建民／摄

死寂的无人区，苍茫的戈壁上，天地之间就一人一车时，你会感觉到人间远去，人类寂寞，个我孤小。这份孤独是大孤独，是一种气势，是一种苍茫和辽阔，也是一种自我生命认知和独特的神秘体验，也许——

走过 G315，你就不会再留恋人间纷乱和屑小；

走过 G315，你也就能直视生也有涯知也无崖。

公路文化

在此，普及一个概念，什么叫"公路文化"。

美国 66 号公路是一条吸引全球机车人眼眸和追求"诗和远方"的人的公路，被美国人亲切地唤作"母亲之路"。电影人、摄影人、画家、诗人作家、音乐人、垂败者、流浪者都梦寐在这条路上寻找灵感，因此诞生了享誉世界的"西部电影""公路电影"和《在路上》一样气质的文学作品、诗歌和音乐。这就是美国 66 号公路和因此衍生的公路文化。

当今，坐在四轮上的中国人正在以自己的方式，构建自己独特的与工业文明相关的、与工业气质匹配的"公路文化"。

在青藏高原的天路上，自驾正在成为时尚元素。在青海海西州，有三条线路的指示箭头在同一个指示牌上。

敦煌（520）：我爱你

拉萨（1431）：一生一世

路牌

库尔勒（1445）：一生是我

　　这个神奇的公路指示牌成了网红打卡地，不仅仅因为它一牌三向，还因为它的里程数字也很谐音，让那些钟情爱情的人，产生感同身受的奇妙联想。

德敦公路（520）：我爱你

从德令哈出发向敦煌，这条路比眼睛所见和想象的历史更悠久。这条路，确切地说就是古丝绸之路南道（青海道）之北线的线路。

古丝绸之路自公元前138年张骞受命打通，至今已有两千多年的历史。虽然这条路时开时闭，但它的存在就是东西方经贸和文化交流的一部分，就是一卷恢弘的史记。

丝绸之路，东方王朝最早的一条向西的开放之路，是集经济、文化、宗教、政治等的一条人类文明的大通道。这条大道，也被称为"北纬度人类文明之光"。

张骞九死一生出使西域后，择塔里木盆地南沿过"尕斯口"经"鲜水"即青海湖回归中土。尕斯口——就是今天的茫崖花土沟之尕斯。

所以，历史上一再考证最终明晰，丝绸之路青海道应更名为"北丝绸之路之南道"，当北道——甘肃河西大走廊被战争堵塞，青海道即"北丝绸之路南道"就担负了东西方经贸交通的要道。

在历史上，这条路曾经被长久地尘蔽，直到近年来才尘埃吹散，真容显现，并被历史和人们接受。

当战争堵塞了河西走廊——天府之国和江南缫丝厂金光闪闪的丝绸，就翻山越岭，在长安碰头，完成税收、分拣和再度包装，丝绸就沿着渭水和黄河一路朝西，打金城兰州而过。再经湟水河谷，过青海湖，满身疲惫的丝绸再分南北两线，各走南北两边。

要么，走南线，即古丝绸之路青海道之南线，经乌兰都兰穿越柴达木盆地到茫崖尕斯口，翻阿尔金山，出青海高原，进入西域之若羌，望帕米尔高原而去；

要么走北线，即古丝绸之路青海道之北线，就是经德令哈，过大柴旦，翻越祁连山之当金山进甘肃，入阳关、玉门关，进楼兰入西域。

当丝绸再度在帕米尔高原之喀什碰面，一条丝绸已经疲惫不堪，再次被分拣、包装、上税，出西域，丝绸就看见了中亚大地巍峨的高山和雪原，再经九九八十一难，才是地中海沿岸、希腊城堡之边。

如此陈述这条丝绸之路，主要有两个意图：

一是，在行走中唤醒历史的密码，当代自驾穿越就被赋予了时间和文化的重量，不再轻浮和狂躁，你会沉甸甸翻越中国古代的史记，增强历史自豪感和民族荣誉感。

二是，你会矫正对"古丝绸之路"的简单认知，更加明晰北丝绸之路之青海南道对中华民族在东西方文明荟萃中的地位和作用。

要走，做足功课再上路。当文化视野雄阔起来，高瞻起来，留在大地的车辙印，也将是历史的印痕。

从德令哈出发，向北，200多千米全程高速，一路无碍。

这一路尽是坦途。当然，你也可以再做功课，这条路附近有一些煤矿、农场等当代历史遗迹，大山里也有不对外开放的当代军事要塞，最好别瞎撞，以免引起一些麻烦。

右手边会有一条大山连缀着你的视野，一直延续到大柴旦。由此，你的视线不会困倦。这一路风光奇绝，高山、戈壁、湖泊和草地都会闪现，吸引你目光的，就是西部大野那份苍茫和孤独。在这里，你会感觉到自己和人类的孤小和无助。也许还会滋生别的感觉。

车到大柴旦，必须下车加油，吃饭，补充能量，不然，再之外三百多千米，你会遭遇近二百多千米的"无人区"。

大柴旦意为大盐泽，因"大柴旦湖"而得名。大柴旦人口约2万，以汉族为多，有蒙古、藏等少数民族。

大柴旦也算是无人区里的交通重镇。敦（煌）格（尔木）、青（海）新（疆）公路纵横穿境。高寒干旱是气候特性。矿产资源主要有硼矿、粘土、煤矿，是中国硼的重要生产地。尤其是大小柴旦湖含丰富的三氧化二硼。大柴旦湖还含氯化铝等。工业以电力、机械、冶金、汽车修配、制氧、化学工业为支柱。

大柴旦是一个可以停留的地方，它的孤寂令人爱怜。从大柴旦的街头走过，从东到西，走车不过三分钟，步行也就半小时。这里的楼房都很新，有些楼威仪四方，气势不凡，你一点也感觉不到它在西部，在无人区，恍然是内地某个城镇。

顺便介绍一下，大柴旦能洗温泉，能看翡翠湖。

当然，在这里最容易撞见爱情。有这么一个传说：

20世纪90年代，一个文学青年因工作关系寄住在大柴旦花海子客栈。客栈里大卡车司机昼夜穿梭。客栈里住了十多个来自南国的年轻姑娘，她们也不分昼夜地为大卡车司机服务。其中一个姑娘爱上了这个文学青年，但文学青年碍于情面选择了逃避。一天晚上，姑娘留下一封信跟随一个卡车司机走了，再无踪影。文学青年走过了岁月的斑驳，重新在记忆里捡拾起那份纯真的爱，

俯瞰当金山

写下了一篇小说《花海子客栈》，那是一个关于大柴旦的荒野的爱情故事。

继续往前走，依旧是一路高速，近200千米达到当金山口。

当金山传统上是甘肃青海的界山，一边是甘肃酒泉所辖的阿克塞哈萨克族自治县，一边是青海海西州所辖的冷湖镇，还可以眺望新疆，是一山辖三省。现在高速公路钻通了当金山，眨眼之间就穿过界山。假若自驾游，最好在当金山山脚下就下高速，走老"柳格公路"，公路是国家二级路面，非常好。因为，只有走"老路"你才会领略到穿越当金、凌云祁连的豪迈感觉。

当金山口海拔 3648m。什么"此地属于人迹罕至，飞鸟不驻之地"实属夸张。在山口，之前没厕所，约定俗成"男左女右"，现在有厕所了，这就只是记忆。当然要是幸运的话，在山口你会体验到"山高人为峰"的孤独感，你会遭遇"六月飞雪"，雪漫祁连，你会大声呼叫。必须停车，来张自拍，你一生都不会删除。

当金山盘山道和长达 40 多千米的大下坡，你会体验到海拔垂直落降两千多米后耳朵失聪后鼓胀的难受。老司机早有准备，一路上没话找话说，或嚼着口香糖感觉就会好一些。

飞速而下，你最好控制好车速，特别是大卡车，几十千米惯性而下，往往都找不到刹车。找不到刹车就找到了鬼门关。所以，要严格遵守限速。

下到山口会有公安边防检查站，早早看见早早刹车，提供你该提供的证明，也就是三五分钟，不耽误你去看阳关落日。

检查站对面，曾有青海石油的一个运输客运站，专门为过往柴达木的司机提供中途服务。客运站的老板是一个来自南国广东的女人，在丈夫去世后，她和年迈的母亲数十年如一日用母亲般的大爱支撑着这个小店，受到过往司机的尊敬和爱戴，被誉为"当金山的母亲"。石油作家肖复华依此创作了一部报告文学《当金山的母亲》被广为流传，女店主因此被评为全国三八红旗手，并走进人民大会堂受彰。

如今，小站早已不见踪影，但当金山永记。

出检查站就有个景点"博罗转井"，早些年阿克塞县城在此，因为地震、山体滑坡等灾害性因素，20 世纪 90 年代初整体搬家后移 30 千米在红柳园的地名上建立了新县城。这里，是中国唯

——个哈萨克民族自治县，对这个民族感兴趣的话，你可以停车住宿，不过大多只停车不住宿，因为70多千米外的沙漠绿洲敦煌，正在魅惑地召唤着你。

博罗转井现在成了影视基地，人走楼空，满眼废墟，仿佛人间末日。陆川导演的《九层妖塔》曾在这里造景、取景，至于此地"石油小镇"是电影虚拟，真正的石油小镇是当金山另一边的冷湖，这里，一滴油也没有，别误传。另外，电影《西风烈》在此完全取景，可视度不低，是真正西部电影的感觉。

这时，视野的尽头就是阳关，就是玉门关，就是敦煌。

北丝绸之路青海道之北线，一路风尘到此，即到达了那个时代的边疆口岸。"西出阳关无故人"啊，你可以在天黑时刻，天

阳关远眺 李庆霞/摄

地之间关闭人间最后一丝光亮的时候，面对边塞孤寂，来一声哀婉长叹！

此条道路，若经历住一路西部绝美景色的诱惑，不停车不住宿，一天即到。但最好慢慢走，这一路也值得慢慢走，该停就停，该歇就歇，只要不赶阳关玉门关最后一支西域驼队，慢悠悠走两三天都行。

风景，一直在路上。

德藏公路（1431）：一生一世

这条路，人们习惯称之为"青藏天路"。

这条路，告别德令哈，路过格尔木，翻越昆仑山，直达西藏拉萨。这里的里程牌"1431"，反念刚好是"一生一世"。

自驾这条路，必须中转格尔木。从格尔木出发，你就真正进入了"天路"。整条路都在海拔三千四千，甚至5000米以上的云端盘绕，就因为这云朵之上的高度，它是名副其实的天路。

天路，还有一重意思，就是：难于上青天！

德令哈到格尔木，三百多千米，走高速，三个来小时，"德小高速"＋"柳格高速"，都要经过察尔汗大盐湖，路过万丈盐桥，那是不可错过的一景。此路线伴行"青藏铁路"，路途最省。

格尔木，昆仑山下的高原重镇，它以"兵城""盐城""油城"等多维面孔，面对着你的表情选择。

在格尔木暂停，是必须的。

格尔木，距离拉萨还有 1153 千米，天远地也远，这里，是进藏最大也是最后的能源补给地。离开它，你就确实进入了荒原。

虽然，青藏路沿途也有必要的补给站，加油、买水、吃饭、睡觉也不成问题，但一路险途，变数太多，谁也说不准会遭遇什么。

格尔木，在青藏公路开通后，一直就是进藏重要的调节站；当然，那时候青藏铁路还没有开通，现在旅客可以一闭眼就穿过格尔木，一觉醒来就直达拉萨，可在铁路开通之前那个年代，进藏是大事件，很多从内地来的人，必须在格尔木踩下刹车，让内地氧含量饱满的肺，慢慢缺氧，逐渐适应缺氧的高原，才能仰头扎进昆仑山。

所以，格尔木成了缓冲站，貌似"变电所"的功能。在此，驻歇三天两天，等你脑袋开始懵懵懂懂，说话有些颠三倒四，腹胀，多屁，吃啥啥没味，喝水水呛肺，那就好了，你就可以向往神鹰去了。

在格尔木驻歇的几天里，你可以抱头睡觉，也可以东瞧瞧西看看，去看看昆仑玉商店，2008 年北京奥运会的奖牌"金镶玉"的"玉"就来自格尔木的昆仑山。昆仑山又叫"玉山"，产玉是它的主要职能。在新疆那段产的玉叫"和田玉"，在格尔木这边叫"昆仑玉"。

不玩玉，格尔木就再没玩的了。

重要的你要去采购一些药品，预防心脑血管疾病的，预防缺氧的，预防高原晕车的，只要你一进药店，刚张口，店老板就给你甩出一串药品名，且八九不离十。除了药品，保健品也有效，红景天、氧源，还有氧气罐，都可以配备上，以防万一。

格尔木夜景 宋维春 / 摄

买了药品，看看街景，看看高楼，看厌烦了，躲开高楼，就看见了巍峨在眼前的昆仑山，它堵住格尔木大门似的，正表情严肃地看着你。要是胆怯，还来得及。要是跟它对视，只片刻，你就会被它征服。自此之后，你只有积聚了足够的反征服力量，发动机车，一声轰鸣——向天路！

出城，到了南山口，这里武警公安设有检查站。

别犹豫，快速拿出证件，刷脸即可通过。

一路上，大卡车会非常多，得提高十二分警惕开车。

从南山口到昆仑山口，这一路有"纳赤台""无极龙凤宫""西王母瑶池""西大滩玉珠峰""昆仑山口"等几个景点，若对这些景点有特别的兴趣，你可参照本书《仰望昆仑山》章节去打卡旅游，若只想择路而过，那么你可以忽略而过，望天而驰。

在玉珠峰，曾有一个爱情故事：

20世纪90年代，有一女子送热恋中的男友来西大滩登顶玉珠峰，可男友下山途中遭遇雪崩，经过当地救援队和直升飞机的多次搜寻皆不见人影，最终只拾回一把冰镐。抱着那只冰镐，女子哭晕在西大滩。男友永远长眠在玉珠峰的冰雪世界。不久，市面上流行一部关于这个故事的言情小说，凄婉动人，看罢者无不泪流。作者正是那个女子。她说，每在男友罹难的那个日子，她就紧闭门窗隔绝世界不吃不喝，盯着那把冰镐，召唤回亡灵，进入他们两人的世界。经过宗教般的仪式，才能使她尘世里的魂魄缓释，并期待下一个忌日……

人间的爱，总是那么欲罢不能。

天路自驾还将对你车技和身体素质的最大考验。

对，这是一条用生命托起在世界屋脊上的通天大道。想想，每一个里程桩下都有一个亡灵，你驾驶在上面都会自带虔诚和敬意。因此，也会庄严肃穆。在昆仑山口，你最好停车，摁三声喇叭，向昆仑山口的英灵们问好，并致敬！

昆仑山口告别，就进入了可可西里自然保护区。

在这里，你可以从一个环保主义者的视觉，去尊敬一路所有的生命，一只藏羚羊，一只落荒的老狼，一只老鼠，一只兔，一只飞鹰，甚至一株草，一朵花，那雪域高原的每一个坚强的生命，都值得你敬畏！

过了沱沱河、五道梁、风火山，翻越唐古拉山口，青藏公路

最高的山口，你就进入了西藏的辖地。再一路下坡到那曲。

　　根据目前青藏公路的路况和限速，一般情况下，在那曲都要住一晚上，那么天亮之后，你就看见了云端之上的圣城——拉萨。

　　拉萨，已经在瓦蓝的天空下，向你微笑！

德库公路（1445）：一生是我

　　G315——中国版"66号公路"。

　　民间自驾者一致认为G315线完全媲美美国"66号公路"，也称这条路是"中国最孤独的公路"和"中国最美的公路"。

远眺昆仑 窦寿／摄

　　说它孤独，因为它要穿越浩瀚的号称"八百里瀚海"的柴达木盆地，要穿越藏北、阿尔金、罗布荒原三大无人区交汇地，要穿越同样浩瀚的"死亡之地"塔克拉玛干大沙漠。

　　说它美丽，因为它要穿越地球北纬多种自然奇观，如雪山、草原、瀚海、戈壁、沙漠、沼泽、高原湖泊、盐泽，雅丹魔鬼城，能领略到地球上稀有的自然美景，还能遭遇到如梦如幻的海市蜃楼。

　　穿越它，就穿越了人类历史千年文明长廊：青海高原吐蕃文明、吐谷浑文明和古西域新疆境内的楼兰文明，以及已经串若珍珠的西域古国若羌、精绝、于阗、喀什、塔什库尔干等。

　　穿越它，就穿越了人类灿烂的民族文化：青海高原和新疆大地，是多民族聚居区，也是多民族文化的生发地，比如藏族、蒙古族、土族、回族、撒拉族等。

穿越它，就穿越了北方美食的长条桌：青海境内的高原特产如牦牛肉、羊肉以畜牧产品及青稞、枸杞、藜麦等农作物产品，新疆境内的羊肉、马肉、骆驼肉及瓜果，将使你味蕾绽放。

穿越它，就穿越了前世，你的西域梦；

穿越它，你也穿越了今生，你的现实。

于是，出发，从德令哈出发，到喀什！

315国道，或"国道315线""G315线"，起点为青海西宁，终点为新疆喀什，全程3063千米。

G315西宁至德令哈548千米，沿途要经过西宁、湟源、海晏、刚察、天峻、乌兰、德令哈七个县级以上的城市。

G315德令哈到喀什2515千米，沿途要经过茫崖、若羌、且末、民丰、于田、策勒、洛浦、和田、墨玉、皮山、叶城、泽普、莎车、英吉沙、疏勒、喀什共16个县级以上的城市。

城市与城市之间相距也不会太遥远，最远的彼此相距也就是三五百千米，且中间都有加油站。即便穿越"无人区"，也只是历史概念的"无人区"，当今山河通透，江山处处皆有人。当然，也难免个别路段没有客栈、没有修车店，也没有手机信号，这得有心理准备。

穿越沙漠 乌席勒／摄

CHAPTER 11

星空浩渺——
我去冷湖看星星

冷湖星空 茫崖文旅提供

对星空的仰望和神游，就是"诗"和"远方"的抵达。

印度诗人泰戈尔曾对星空有过如此礼赞：

我仰望星空，它是那样辽阔而深邃；

那无穷的真理，让我苦苦地求索、追随。

我仰望星空，它是那样庄严而圣洁；

那凛然的正义，让我充满热爱、感到敬畏。

我仰望星空，它是那样自由而宁静；

星空 蔡永生 / 摄

那博大的胸怀，让我的心灵栖息、依偎。

我仰望星空，它是那样壮丽而光辉；

那永恒的炽热，让我心中燃起希望的烈焰，响起春雷。

如今在柴达木仰望星空，已经成为西部旅游一个重要的甚至奢侈的选项。当然，这需要你持有与星空匹配的心灵。

在柴达木与星空零距离，或者与星空交换梦工场，有以下三个地方：俄博梁火星小镇、赛什腾天文观测站、乌素特水上雅丹。

冷湖——从油城到天文城的嬗变

打马到冷湖，你便进入了一片"净土"。

在这里，似乎与外界绝缘，即便是信息网络全覆盖的时代，冷湖，也依然固执地保持了自己的孤独。

若无必要，她便不会与世界关联。

其实，孤独的她已经名声在天外——2022年4月12日，国际小行星委员会正式将临时编号2015BL563的主带小行星以"冷湖"命名，标注了冷湖在世界天文学界的影响力。

曾经的冷湖是早期中国石油西部重镇，因石油的灼热而著世。

但在20世纪90年代初，冷湖石油资源枯竭，石油队伍撤离了冷湖，只剩下满目疮痍的几片废墟。

冷寂的冷湖，该何去何从？

中国科学院国家天文台团队经过三年多的专业论证，证实了青海冷湖赛什腾山是我国未来光学和红外天文望远镜的最佳观测台址，是一个可以承载中国光学天文未来的台址，是坐落在东半球最好的世界级天文观测台址！

冷湖，下了石油的列车，搭上了天文的火箭。

截止 2023 年 7 月，冷湖相继引进中国科学院国家天文台、紫金山天文台、地质与地球物理研究所和中国科学技术大学、清华大学、北京大学、上海交通大学、南京大学等 11 家科研机构的 12 个项目 43 台天文望远镜。

2023 年，世界首台"用于太阳磁场精确测量的中红外观测系统（简称 AIMS）"启动观测。AIMS 望远镜填补了国际上没有中红外波段太阳磁场望远镜的空白，将揭开太阳在中红外波段的神秘面纱。

中国问天，冷湖担当。未来还将有更多项目入驻冷湖天文观测基地。冷湖将成为国际一流的天文观测基地。

在高高的赛什腾之巅，当你与深邃的天空对望，你会为新时代冷湖人不懈的探索精神而感动。是他们智慧的叠加，让偏隅瀚

海的冷湖在世界天文史上，有了中国响亮的名字。

因为他们，你会感动，也会自豪。

火星小镇——她将梦想照进现实

她，叫袁振民。

袁振民是冷湖"火星小镇"的总把头，飒爽之人，80后，来自北京，在北京行知探索体验研究院工作，因为偶遇了青海冷湖人田才让，三言两语，她就被拐到这个如科幻作家刘慈欣所说"这是地球上最不像地球的地方"。

这个地方叫青海冷湖，且是石油繁花之后满目疮痍的冷湖。

一眼冷湖，再一眼俄博梁，她便爽快地自定终身：就这了！

从冷湖五号石油基地出发，沿着"火星一号公路"向西前行，近百千米之外就是"地球上最像火星的地方"俄博梁雅丹。有人叫那里"魔鬼城"，袁振民却看见了自己的梦想地和科幻场：火星基地。

冷湖黑独山 乌席勒／摄

冷湖废墟 乌席勒 / 摄

说干就干。仅用 70 天，她就让"火星小镇"在瀚海里新生。

她开动脑筋，借智赋能，用"科学 + 科普 + 科幻"订制新形态的旅游，全方位打造她的梦想之域"火星小镇"。梦想花开，小镇带着浓厚的科幻气质一夜爆红，成为网络世界的热搜名词。

"火星小镇"替代了"石油小镇"，冷湖不再冷，它在新一代冷湖人"天赋"和"激情"的加持下，再度迎春，再次焕发新生。

冷湖的石油已成往事，这个曾被誉为"地球上的月球"之地，一夜之间以"地球上最像火星的地方"声名远播。

借助特有的地理和地形地貌，冷湖小镇在历史机遇的嬗变中一分为二：一是以赛什腾山为基点，打造了中国西部天文城，二是以俄博梁雅丹魔鬼城为力点，打造了中国独一无二的"火星小镇"。

"火星小镇"，将人类遥想的火星场景还原在眼前，成为真

赛什腾山天文台 乌席勒 / 摄

实的虚幻和虚幻的真实。人们置身其中，恍若隔世。

这一切都来自于田才让邂逅了曲向东。

2015 年，冷湖镇的父母官田才让正为冷湖的发展焦头烂额之时，结识了北京行知探索文化发展集团股份有限公司总裁曲向东。两人一拍即合，决定在冷湖做一篇"火星"大文章。

2017 年 8 月，"冷湖火星小镇"计划正式启动。

2018 年，袁振民亲自实施"火星小镇"计划。三人成行，如虎添翼。全国首个火星模拟基地"火星营地"建成投运。

做旅游，元素有了，还得要把人吸引来。

于是，火星营地大造火星元素，火星舱、睡眠舱、火星餐饮等全部到位。模拟未来人类移居火星后的生存环境，设置冷湖实验室，开设了火星着陆计划赛、模拟火星生存等活动，备受游客特别是青少年的喜爱，游客最多的一年达到 10 万人，参加科普

冷湖火星小镇 茫崖文旅提供

教育的近万人。

　　火星小镇规划宏远，他们还将陆续建设"中国创业精神博物馆""石油精神纪念馆""地质博物馆""火星研学旅行实践教育科研科普基地""天文学生实习基地"以及摄影、影视、科幻文学创作基地等，系统地打造特色小镇。

　　2018年，"冷湖实验室"项目启动，通过与校园实验室合作，向中小学生提供线上线下的航天课程，很受孩子们欢迎。

　　一项以"冷湖"为名的科幻文学奖正式设立，科幻征文也"届次"落地。2018年至今，已连续成功举办五届，累计收到超7000万字来稿，出版了5部获奖作品集，有获奖作品获得影视孵化，还有冷湖科幻奖获奖作者海漄2023年获得"雨果奖"。

柴达木土星环 卫建民 / 摄

科幻文学为冷湖插上了腾飞的翅膀。

2023 年 1 月 1 日，我国首部关于暗夜星空保护的地方性法规在冷湖正式实施。让冷湖的暗夜更加星光璀璨。

如今的冷湖，以"天文观测"为硬核，以科幻、科普、文创为外延，开辟了一条集科学研究、科普教育、地质研学、生态旅游为一体的综合发展道路，使其散发出了新的生机与活力。

袁振民，在"火星"上书写了传奇，不仅仅是热爱、坚持和坚韧，还有新一代冷湖人的顽强的精神意志和事在必成的根魂相传。

在她温暖的孵化下，冷湖不再冷，未来已到来。

梦幻星空——冷湖俄博梁雅丹星空体验

独特的与星空关联的旅游，只有柴达木能给你量身定制。

以冷湖为原点——

冷湖距德令哈：约 480 千米。

冷湖距格尔木：约 420 千米。

冷湖距大柴旦：约 220 千米。

冷湖距花土沟：约 320 千米。

冷湖距西宁市：约 900 千米。

冷湖距敦煌市：约 250 千米。

从冷湖镇到冷湖"火星营地"，出冷湖镇向西，打卡"火星公路"零号路桩，经过冷湖五号废墟，沿"火星一号公路"（非铺装路面）向西，全长95千米。此路段能提供非常到位的戈壁越野感受。

在冷湖"火星小镇"基地，你能完全体验到"火星般"的生活感受，吃住行一体化打包经营，住的太空舱（模拟），吃的太空食品（模拟），行走可以租借太空服（非失重感受），在地球享受到"火星"的"外星人"待遇。这在中国绝无仅有，特别是带孩子去旅游，会让小朋友获得非同一般的体验。

当然，假若你还想沉浸式体验"火星"的环境，那最好是扛起野营帐篷，准备好足够的户外生活资料（地垫、睡袋、氧气瓶、

俄博梁雅丹 茫崖文旅提供

电筒、照相机，以及水和食物等），奔赴十千米之外的俄博梁雅丹。

俄博梁雅丹，是世界最大的风蚀雅丹林，这里又称魔鬼城！

这里，曾经被称之为"地球上的月球"，现在形容为"地球上最像火星的地方"。想象中十分恐怖，其实这里却是资深摄友、驴友向往已久的秘境。这里渺无人烟，风蚀雅丹光怪陆离，如梦如幻。当星空笼罩，万物寂静，这里就似乎成了地球上最后的"净土"，成了人间"孤岛"，也就是仰望星空放飞思绪、拍摄星空记录壮美最理想的场所。

所以，在这里扎上帐篷，仰望星空，成了少有人可实现的奢侈之旅。再回想冷湖这片近乎"魔幻"的土地的机缘衍变，畅想地球和星空，一切人间恩怨都将消散，一切爱恨情仇都将放下，

冷湖露营 蔡永生 / 摄

一切功名利禄都将淡然，一切美好都将给你赋能新生，你将成为一个全新的你！

冷湖"火星小镇"的星空，能治愈你的前世今生！

探秘星空——冷湖赛什腾天文观测基地

摁下冷湖星空观测密码者，是天文专家邓李才。

邓李才，著名现代天文学专家。34 岁入选中国科学院"百人计划"博士生导师，36 岁任中国科学院国家天文台创新团组"恒星与恒星集团的观测和理论研究"首席研究员，中国天文学会恒星专业委员会主任，国际天文学会第 37 委员会科学组织委员，中国科学院研究生院兼职教授，北京大学天文系兼职教授，博士生导师，华中师范大学物理系兼职教授。

这一长串头衔，无不显示他在天文领域独一无二的存在。

冷湖赛什腾天文观测站——东半球唯一一个世界级天文台在 2018 年正式诞生，也许来得有些迟，也许一切都是刚刚好。

为何是冷湖？邓李才会这样能回答你——

天文观测注定是一项孤独的事业，太繁华的大城市已经被城市灯光污染，中国早期的北京、南京等天文台，基本无法工作。他们一路向西，走上青藏高原，最早来到偏僻的柴达木盆地，选址在德令哈市。可德令哈城市亮化工程最终造成的光污染，令观测工作停顿。

哪里还有净土？

邓李才一直在追问。

曾经，他们也将目光投向过冷湖，但冷湖距离塔克拉玛干大沙漠太近，容易刮沙尘暴，这也是天文选址的克星，他们的目光在不经意间跳过了冷湖。直到 2018 年，给冷湖寻找出路的冷湖管委会主任田才让忐忑地敲开邓李才的办公室。冷湖，再次跃进邓李才的视野。

因为荒凉，远离人烟，冷湖成了优选。

其实，邓李才的团队一直在寻找优质的天文观测场址，因为中国地面光学天文装置与国际的差距甚大。20 世纪 90 年代开始，国际上架起了十几座 8~10 米口径望远镜，30 米级的望远镜也正在研制中，而中国光学望远镜最大口径只有 2.16 米。

田才让代表冷湖递出了橄榄枝，他给邓李才带去了一份红头文件，海西州启动将冷湖全域 1.78 万平方千米全部设成暗夜保护区的计划。邓李才这才徒步攀爬上了赛什腾山。

田才让背着干粮和水，陪着邓李才，徒步攀爬峭岩危崖高达 4200 多米的大山。没有路，就租用直升飞机送水送饭送材料。通过考察和科学监测分析，初步选址定位。冷湖，这次不再错过！

2018 年至 2020 年整整 3 年时间，他们守望在赛什腾之巅，终于在 2020 年 12 月 20 日晚，首台到达冷湖赛什腾观测基地的科学级望远镜 50Bin 成功实现科学观测，得到的第一幅图像测量显示，星象的半高全宽是 0.68 角秒，与选址设备 DIMM 给出的视宁度测量值高度一致。邓李才称之为"赛什腾的第一缕光"。

从已经建成和正在建设的规模来看，冷湖无疑已经是"中国最大的天文台"。更为重要的是，有着"第三极"之称的青藏高

星空浩渺 茫崖文旅提供

原上是整个国际天文学界的向往之地。能达到下一代望远镜建造和运行要求的优良天文观测台址都在西半球，冷湖补上了东半球的缺失，这样就形成一个 24 小时的监测网络，这是对全世界天文学界的贡献。

冷湖，从科学的视角望天，成为冷湖新型旅游项目。

从冷湖镇出发，去大柴旦方向 30 千米开外，折头向东穿过戈壁大坂，自山脚下攀爬 15 千米的盘旋山路，爬至山顶，就可

冷湖问天　乌席勒／摄

以看见巨大的白色蘑菇头一样的天文望远镜，丛生在一座座山头之上，那就是人类探秘星空的眼睛。据悉，目前多所国内高校相关专业在此开展教学活动。而冷湖赛什腾天文观测基地还正在如火如荼的建设中。

冷湖问天，有这样的大事记：

2022 年 4 月 12 日：WGSBN Bulletin 正式公布：临时编号 2015 BL563 的小行星以"冷湖"命名。该行星 IAU 永久编号为 592710，名字 Lenghu，由中国科学院紫金山天文台盱眙天文观测站近地天体望远镜发现。

2022 年 9 月 28 日：青海省十三届人大常委会第三十五次会议批准了《海西蒙古族藏族自治州冷湖天文观测环境保护条例》，标志着国内首部暗夜星空保护条例获批，为冷湖天文观测基地提供法律保障。

2023 年 6 月 9 日：阿里公益联合国家天文台、冷湖科创园区管委会在冷湖实验室联合举办开星仪式，阿里公益新产品"爱能星球将永久编号为 592710 的太阳系小行星，命名为"冷湖"星。

奇幻星空——乌素特枕水望天穹

在冷湖完成"火星营地"星空梦幻之旅和赛什腾"冷湖问天"的科学之旅后，驱车去台吉乃尔湖，感受乌素特水上雅丹枕水望星空的奇幻之旅。

去水上雅丹有三条线路：

线路 1：大柴旦上高速 G301，过鱼卡到南八仙后沿 S210 往涩北上 G315 走东台吉乃尔。此路线可以经过南八仙魔鬼城，穿越雅丹地貌约 30 余千米。总路程 200 多千米。所有车型均可通行。

线路 2：大柴旦南下高速 G301，沿"中国 66 号公路"之称的 315 国道一直向西，此路段可打卡网红 U 型公路，路程短，但进疆大卡车多，千万注意车速。

线路 3：鱼卡—南八仙—西台的 S314 这条线走的人少，S314 线目前为省道，以前是老 315 国道，此路穿越南八仙魔鬼城，可顺带探险，但建议组团进入，绝不可意气用事走单骑。

乌素特雅丹，又名水上雅丹。

水上雅丹地处柴达木腹地，东距青海湖 650 千米、茶卡盐湖 550 千米、德令哈 350 千米、大柴旦 200 千米，南距格尔木市 300 千米，西距茫崖镇 350 千米，北距敦煌 500 千米，紧靠 315 国道线，处于西宁—青海湖—茶卡盐湖—水上雅丹—敦煌—嘉峪关—张掖的环线旅游和青藏高原、甘新青旅游环线的节点位置。

乌素特水上雅丹由雅丹地貌和鸭湖湖面构成，湖水发源于昆仑山西段纳凌格勒河谷，千万年来，由于环境变迁、水冲风蚀，使得柴达木北丘陵自然区及西丘陵自然区的结合部雅丹群，形成独一无二的蔚为壮观的乌素特（水上）雅丹地貌群。

湖边有芦苇等少量的水生植物，水中有野生的雅丹鱼和高原

水上雅丹 乌席勒 / 摄

　　蟹，每逢夏秋季节，成千上万的野鸭子汇聚于此，构成了此区域
的壮观景象，被户外及自助游爱好者形象地称为"百鸟千岛湖"。
　　风为刻刀，山石为雕。
　　水上雅丹的奇异之境，乃天工巧做，身临其境，如梦如幻。

走进水上雅丹，仿佛走进了魔鬼城，立即把你带入一个神秘的幻境。高高低低的小山丘，有的像骏马、骆驼、大象、狮子、老虎，有的像群鲸戏沙，海狮向阳；有的像舰队出海，千帆竞发；有的酷似古城堡，城池林立；有的像蒙古包、帐篷城；有的像蘑菇、碉堡、麦垛……奇形怪状，千姿百态。

水中起峰峦，城池盈水天。

在极致干旱的戈壁上，水本身就是难得的甘露，而在这里，水跟戈壁做了最贴切的相依。戈壁上的水，是那么的清澈，那么的透亮，那么的沁蓝，大的水域像大海，小的水泊像碧玉，令人叹为观止。魔幻的山峦被碧波荡漾，蓝天垂目，更是一番神奇。加之湖水里水鸟万千，恣意翔翔，鱼蟹密集，更是瀚海神话。

在夏季，在湖岸捡一沙软地绵之地，搭起帐篷，静等戈壁夕阳西下，最后一抹余晖沉入水中，消隐在那如梦如幻的景致之后，大地迎来一片静谧，戈壁风飒飒而起，凉透整个大地之后，你期待的另一种幻境即将开幕。

戈壁的夜空是那么的宁静，静得连风儿都不好意思飘动，静得连白云都忘记了行走；那么静那么静，连风儿都听不到，连白云都忘记了行走。此时——

天幕大开，比碗还大的星星密匝匝地垂挂在天幕，伸手可摘！

银河璀璨，那星辉交织的浩瀚星空像迷醉的海洋！

此时，你要么架起照相机，调大光圈，来个连续几小时的延时拍摄，你会不出意外地获得星空大片。此时，你要么头枕湖水，仰望星空，放飞思绪，神游太空；要么，你干脆哼唱起《乌兰巴托的夜》：

穿过狂野的风，你慢些走

我用沉默告诉你，我醉了酒

乌兰巴托的夜，那么静那么静

连风都听不到，听不到

飘向天边的云，你慢些走

我用奔跑告诉你，我醉了酒

这时，这个世界便只属于你，你的世界；

这时，你逃离了整个世界，包括地球！

CHAPTER 12

一骑绝尘——
近观海西工业领舞者

工业旅游，这不是一个笑话。

正经地说，这是新中国半个多世纪以来，海西柴达木承接的光荣与梦想——它既挑起了青海工业的开篇战旗，又快速容纳了当代工业前沿的新兴产业，这种"新老拼盘"让柴达木当代工业绽放出异彩。

从德令哈出发，经冷湖，到茫崖花土沟。

这一路，开满了工业之花，成为旅游新热点。

德令哈的新能源建设一骑绝尘，引领新能源产业；曾经的海西工业重镇冷湖，在石油的废墟上完成天文、科幻的"蝉蜕"新生；茫崖花土沟以"油"为魂，文旅添翅，实现多维蝶变。

在这里，你会看见新中国工业人那一张张情绪昂扬的面孔：在早期，他们舍身忘家，铁血肝胆；在当今，他们遇难求变，破

瀚海夜幕 从翔／摄

茧成蝶。他们，是瀚海里的主风景，是人世间的正气歌。

由此，你会向这片苍茫的土地致敬，并施以深情的回眸。

工业之旅，壮怀激烈。

德令哈——新能源照亮戈壁

在德令哈市西郊宽阔的戈壁滩上，肉眼可见一个"小太阳"当空高悬，那白辣辣的光芒异常刺眼，几十千米外都能看见它的明亮。

这就是新型能源发电站——光热电站。

碳中和时代全面来临，先立后破，国家在行动。

国家九部委联合印发"十四五"可再生能源规划，将有序推进长时储热型太阳能热发电发展，提升可再生能源存储能力。

太阳能热发电是一种完全绿色可调的可再生能源，自配大容量储能的光热发电，不仅可向电网输送连续、稳定、可调度的高品质清洁电力，还可以作为电力系统的基荷电源和调峰电源。

光热电站根据太阳能光热发电原理，"光—热—电"的发电方式，成千上万的定日镜把太阳光反射到位于太阳塔顶的吸热器表面，形成 800℃以上的高温，再通过传热介质产生 500℃以上的蒸汽，推动蒸汽轮机发电。

光热电站的建成，将为我国太阳能热利用产业开启千亿市场之门，开创新的历史机遇。

2009 年 7 月，欧洲启动的"沙漠行动"堪称可再生能源领

光热发电 蔡永生／摄

域最具野心的计划。多个欧洲财团和企业，计划在未来十年内投资 4 千亿，在中东及北非地区建立一系列并网的太阳能热发电站，来满足欧洲 15% 的电力需求，以及电站所在地的部分电力需求。

随着光热技术的逐渐成熟、国外市场的启动、国家政策的扶持，我国太阳能光热发电的发展前景被广为看好。加之热发电需要大量阳光、水、土地资源，国内符合要求的地方毕竟有限。

如今，国内外资本已开始跑马圈地。

2013 年 7 月 5 日，青海中控德令哈 5 万千瓦塔式太阳能光热发电站一期 1 万千瓦工程顺利并入青海电网运行，标志着我国自主研发的太阳能光热发电技术，向商业化运行迈出了坚实步伐，填补了国内没有太阳能光热电站的空白。

德令哈，抢跑走在了新能源开发利用的前头阵地。

2018 年 10 月 10 日，中国广核集团在北京宣布，我国首个大型商业化光热示范电站——中广核德令哈 50 兆瓦光热示范项目正式投运。

2018 年 12 月 27 日，百兆瓦级光热电站——首航节能敦煌 100 兆瓦熔盐塔式光热电站在甘肃省敦煌市建成。

出德令哈向西 7 千米的戈壁滩上，发电站巍然屹立。

巨大镜面矩阵，以电塔为中心圆形铺开，像一朵巨大的"向日葵"展示着科技的能量。

以旅游者的视角走进发电站，观瞻这一新型发电装备，其壮观的工业化景色，无不令人心潮澎湃。

中广核德令哈项目占地 2.46 平方千米，相当于 360 多个标准足球场的面积，采用了槽式导热油集热技术路线，配套 9 小时熔融盐储热，由太阳岛、热传及蒸汽发生系统、储热岛、发电岛四大部分组成。

德令哈项目的太阳岛集热器由 25 万片共 62 万平方米的反光镜、11 万米长的真空集热管、跟踪驱动装置等组成，可跟踪太阳的转动，将热量源源不断地收集起来。

矗立在储热岛的熔融盐储罐，直径达 42 米，是亚洲最大的熔融盐储热罐。

德令哈项目全部采用槽式导热油太阳能热发电技术，配备了一套低成本、大容量、无污染的储能系统，当光照不足时，存贮的热量可以继续发电，实现 24 小时连续稳定发电，项目投运后年发电量可达近 2 亿度，与同等规模的火电厂相比，每年可节约标准煤 6 万吨，减少二氧化碳等气体排放 10 万吨。

2018 年，第五届中国国际光热电站大会授予中广核德令哈项目"示范项目推动奖"。

2022 年光热电站传来捷报，发电量达 1.58 亿度！标志着青海中控德令哈 50MW 光热电站超额达产。

德令哈项目的正式投运，标志着中广核已具备大型光热电站系统集成的核心能力，初步具备建成中国光热产业链的能力。德令哈项目及中国国家能源光热研发中心，将为中国未来大规模推广光热发电项目提供重要支持。

德令哈，高举新能源大旗，在西部引领全国！

光热发电设备 蔡永生／摄

花土沟——石油花开在瀚海

从冷湖向西驾车 330 千米，就是茫崖花土沟。

青海石油工业，油气主要生产现场都在海西州柴达木盆地，具有 70 多年的油气勘探生产历史。

柴达木盆地西部产油、东部产气，西部的花土沟担负着青海油田石油生产的主战场，而东部涩北气田，是青海油田天然气生产基地。

油气并举，东西并蒂。每年年生产油气当量 700 多万吨。天然气远输西宁兰州，并网"西气东输"二线向北京供气，有力

格尔木炼油厂 王德刚 / 摄

227

地保证了青藏地区的油气供给，保障了青海经济建设和西藏国防建设。

能源是国家战略资源，能源也是国计民生。

花土沟，中国石油西部重镇。

从柴达木石油开发年轮看，花土沟石油是冷湖石油的接替和续章。

前边已经陈述过"冷湖石油时代"，以 1958 年冷湖地中四发现冷油田纪年到 1991 年，冷湖坚守了 30 多年的石油岁月之后，因为资源枯竭，不得不再次回望勘探队员曾经来时的路——花土沟。

从 20 世纪 70 年代中期，花土沟逐渐成为柴达木石油的主战场。在花土沟石油壮美画卷里，我们从旅游的角度可以打卡两个工业景点，一个是"油砂山露头"，一个瀚海油城花土沟。

透过石油，你会感知早期工业人的理想信念和魂魄。他们，是瀚海里永立的丰碑。

油砂山露头：周宗浚指认油砂山

从花土沟驱车 20 多千米，在油田有关部门报备，经允许后，

尕斯库勒油田 从翔 / 摄

　　穿过油田生产作业区，便来到"油砂山露头"。

　　古丝绸之路上的声声驼铃，又一次摇响在茫茫大漠。

　　透过漫山遍野的磕头机所呈现的石油工业画卷，记忆追忆到 1939 年，被誉为"中国石油之父"的孙建初和他的战友们，历尽艰辛，用时半年多完成了《甘肃玉门油田地质报告》，并据此在老君庙一号钻井遇获油层，标志着中国诞生了第一个大油田——玉门油田。

　　1947 年初，在孙健初的主持下，西北工业研究所和西北地质调查所共同组织成立了柴达木西部地区地质调查队。

　　周宗浚被推选为调查队队长。

油砂山露头　梁青山 / 摄

　　调查队成员有测绘办公室的吴永春，以及梁文郁、关佐蜀、戴天富、吕炳祥，朱新德等地质师和工程师。

　　1947 年 5 月 31 日，调查队从兰州出发，6 月上旬到达敦煌，于 6 月下旬沿着党河逆流而上，在海拔 4000 多米的哈尔腾河流域，苏干湖地区进行考察工作。

　　在进入柴达木之前，考察队发生分歧，一部分人主张撤离，一部分人坚持挺进。最后在孙建初的协调下，由周宗浚队长带着电台向导，翻译和 45 峰骆驼进入柴达木考察。

　　明知前路艰险，但他们敢于舍身求索。

　　考察队经沙枣园，南湖，阿克塞，长草沟，当金山，然后折向西面，沿着阿尔金山北麓至安南坝，穿越索尔库里，经七个泉到达红柳泉，进入渺无人烟的柴达木盆地西部。

周宗浚他们站在水草丰盈的阿拉尔草原上，举目四眺，心潮起伏，他们一路走一路考察、测绘、采样、绘制路线图。有了红柳泉、阿拉尔作为依凭，他们没放过任何一个标高点，在索尔库里还测了一个天文点。在苦水泉休息两天后，他们轻装上阵深入昆仑山考察了五天。从昆仑山回来后，又深入到阿拉尔、茫崖、尕斯库勒湖北岸等地。

在一个山沟里，他们发现几块干沥青，在拾到沥青的地方，又发现了一个大断层，而且剖面全是油砂，他们惊喜若狂。当他们爬上断层的崖头，用地质锤一敲，掉下一块岩石，并很快变黑，还发出一股浓烈的油味。于是，他们敲下一大堆岩块，垒起一个大宝塔，底下架上红柳干枝，用火柴一点，立刻燃烧起来，火苗足有两米多高。

天呐，这就是石油！

他们欢呼着，喜极而泣。马上对其进行丈量，结果发现露出地表的油砂层足有 150 米。他们在那里连续考察了三天，测量、绘制了地质图和构造图。

周宗浚在实测图上，标上了"油砂山"几个大字。

从此，"油砂山"成了柴达木的地理坐标，名扬全国。

在油砂山露头，你会感慨曾经的地质科研工作者们，他们以报国为己任，以民族复兴为担当，殚精竭虑，九死一生，也在所不辞。中国今天的工业化腾飞，是一代又一代工业人的热血和智慧加持。他们的精神，永远值得学习。

花土沟：瀚海工业油城

有了油砂山的指认，才有后来花土沟石油城的新生。

花土沟，虽地处西部高原苦寒之地，但它的城市建设和人文风韵，一点不逊内地一个现代化小镇。能有今天这副不俗的容颜，高原石油人可谓风餐露宿，筚路蓝缕，终成夙愿。

也许，听见"花土沟"，若远在天涯的云中梦境之地。

回忆花土沟，它孤独而又向远，绝偏绝僻，恍若隔世。

但它，确是石油人真实的存在。

1968年12月，石油工业部确定柴达木盆地重点勘探开发花土沟油田。根据会议精神，1969年3月，管理局召开"战戈壁，睡沙滩，重返西部建家园"誓师动员大会，大批职工从冷湖涌向花土沟，开展花土沟油田勘探开发大会战。

花土沟石油基地的建设肇始于此。

在1970年，西部勘探指挥部新建的土木结构房子，满足不了大部分职工住房需要，一些职工和家属自发地挖地窝子以代替帐篷居住。随着职工家属的增多，到1974年地窝子已发展到上千个，上至领导，下至工人，凡带家属的都住地窝子。地窝子成为20世纪70年代花土沟一景，这也是石油基地最早的模样。

花土沟基地的住宅楼始建于1987年，早期建成的办公楼所、学校院落、商业场所及职工住宅主要集中在创业路上半段。后来由于敦煌科研生活基地建成，职工家属、科研单位、后勤保障、生产辅助等单位撤离，花土沟石油基地成为单一的生产基地。

如今办公楼群、公寓住宿、职工食堂、活动场馆、商业酒店

俯视花土沟 李庆霞 / 摄

石油新城茫崖花土沟镇 乌席勒 / 摄

等分布于花土沟镇北部片区，形成了独具特色的瀚海油城。

花土沟石油基地常驻 68 个企事业单位，其中油田二级单位 9 个，油田厂处常驻单位 15 个，其他企事业及油田服务单位 10 个。油田常住人口有 8500 余人。

茫崖建市，花土沟迎来新生。

近年来，花土沟担承茫崖市的所有功能，城建如火如荼，城市日新月异。在城北油城固化风格之后，城南大兴土木，茫崖市各类办公大楼、住宅小区，学校军营，牧民新村、城市广场、城市公园如雨后春笋，夺目惊艳，成为花土沟新的城标。

新的茫崖人民，正在积攒力量和智慧，将花土沟建成以石油为核心、以开放为外延的崭新的瀚海新城，特别是国道、高速、铁路和航空立体交通网络的形成，将极大地改变花土沟的现状和未来。

回想 1947 年，周宗浚带领第一批勘探队伍闯进柴达木盆地，落脚于花土沟 20 千米之外的阿拉尔河旁的红柳泉，到今天的石油城，期间经历了四代青海石油人艰苦卓绝和舍生忘死的付出和奉献。

云中梦域——花土沟石油基地是青海石油人扎根高原、保障国家能源安全的主战场，是他们实现"三个一千万"梦想的主战场，也是新一代石油人与地方协同发展、共建高原明珠的主战场。

忆往昔，花土沟恍若隔世；看今朝，瀚海新城就在眼前。

花土沟，乃入疆门户，也是戈壁瀚海里重要的能量补给站。在这里，人们通过对青海石油的了解和认识，会增加对新中国石油工业发展的理解和认知，也会对老一辈拓荒者抛家舍业奔边关、扎根瀚海建家园的精神的崇敬和礼赞！

这是一次工业之旅，也是一次精神之旅！

CHAPTER 13

物产也富饶——
柴达木是祖国的聚宝盆

都兰文旅提供

神奇柴达木，祖国聚宝盆。

海西州藏族蒙古族自治州辖地包括整个柴达木盆地。柴达木盆地不仅矿产富集，而且物产丰饶，被称为祖国的"聚宝盆"。

柴达木盆地是中国三大内陆盆地之一，属封闭性的巨大山间断陷盆地。位于青海省西北部，青藏高原东北部。四周被昆仑山脉、祁连山脉与阿尔金山脉所环抱，面积约 25 万平方千米。

它宽广，它辽阔，它富饶。

它也是柴达木儿女生存的家园。

柴达木是个聚宝盆

"柴达木"为蒙古语，根据清代统治者平定西域后为扫清语言障碍、巩固西北边疆的统治而编撰，由乾隆皇帝亲自审定，研究西北少数民族历史地理的重要工具书《西域同文志》卷十六中，对此有清晰的说明：柴达木，蒙古语，宽广之谓。滨河境，地宽敞，故名。也为"辽阔"之意。不过，由于历史等一些主观和客观的原因，也有采取意为"盐泽"这个解释，这个在学术界有不同意见。建议采取"辽阔"之意这个解释更符合实际情况。

柴达木盆地在我国四大盆地之中是地势最高的盆地。平均海拔在三千米左右。柴达木不仅是盐的世界（东南部多盐湖沼泽），而且还有丰富的石油、煤，以及多种金属矿藏，如冷湖的石油、鱼卡的煤、锡铁山的铅锌矿等都很有名。所以柴达木盆地有"聚宝盆"的美称。

前篇我们已经对柴达木石油天然气等矿产资源做了详细介绍，本章节不再赘述。但还是要交待一个总量的概念。

海西州区域范围内发现的矿产资源种类有114种，探明储量90种，主要矿产资源有能源类、盐湖资源类、金属类、非金属类，主要矿产有石油、天然气、煤、湖盐、钾盐、硼、锂、镁盐、锶、溴、碘、芒硝、自然硫、铁、铅锌、金、银、钴、铜、石棉、石灰岩等，矿产资源具有储量大、品位高、类型全、分布集中、资源组合好等特点。

其中湖盐、钾盐、镁盐、锂、锶、石棉、芒硝、石灰岩等8种矿产资源储量排名居全国首位，溴、硼等6种排第二位，潜在经济价值188万亿以上，区域资源特点是储量大、品类高、类型全、分布集中，组合性非常好，为产业经济发展奠定了资源基础。

依托柴达木盆地内优质矿产资源，海西州主要发展了七大产业：盐湖资源开发为龙头产业，其余还有油气化工、金属冶金、煤炭综合利用、特色生物、新能源以及新材料。

所以，海西州也是青海省工业重镇，也是中国资源富矿。

海西州柴达木潜藏无限商机，下边重点介绍农特产。

海西地域广袤，土地资源丰富，现有可耕地面积4.74万公顷，草场961.58万公顷，其中可利用草场面积为709.83万公顷。全州盛产小麦、青稞、油菜和优质牛羊肉等畜产品，柴达木枸杞、山羊绒等享有盛誉。境内野生动植物资源种类繁多，有野生动物196种，野生植物400余种，其中药用植物有枸杞、冬虫夏草、雪莲、锁阳、大黄、甘草、麻黄等。

柴达木的红枸杞，享誉全国

柴达木红枸杞，是中国国家地理标志产品。

柴达木枸杞具有颗粒大、色红、肉厚、含糖量高、味甜的特点，是纯天然，无污染，非人工栽培的高级补品。含有丰富的胡萝卜素、硫胺素、核黄素、抗坏血酸、烟酸、钙、磷、铁等人体所必需的营养成分，性平、味甘，有滋补肝肾、益精明目之功，属补血药类。

2016年12月，原国家质检总局批准对"柴达木枸杞"实施地理标志产品保护。

枸杞是常用的营养滋补佳品，在民间常用其煮粥、熬膏、泡酒或同其他药物、食物一起食用。枸杞自古就是滋补养人的上品，有延衰抗老的功效，所以又名"却老子"。

枸杞中的维生素C含量比橙子高，β-胡萝卜素含量比胡萝卜高，铁含量比牛排还高。枸杞还有壮阳功能。枸杞作为药食两用的进补佳品，有多种食用方法。枸杞一年四季皆可服用，夏季宜泡茶，但以下午泡饮为佳，可以改善体质，利于睡眠。但要注意的是，枸杞泡茶不宜与绿茶搭配，适合与贡菊、金银花、胖大海和冰糖一起冲泡。

冬季枸杞宜煮粥，它可以和各种粥品搭配，枸杞炖羊肉也是很适合冬天食用的。家常炒菜加入枸杞后口感颇佳，如枸杞炒蘑菇就是一道色香味俱佳的素菜。枸杞玉米羹鲜香可口，色泽美观。对于女性而言，常吃枸杞还可以起到美白养颜的功效。

枸杞性甘、平，归肝肾经，具有滋补肝肾，养肝明目的功效，常与熟地、菊花、山药、山萸肉等药同用。

枸杞全身都是宝。枸杞的叶、花、根也是上等的美食补品。现代医学研究表明，它含有胡萝卜素、甜菜碱、维生素 A、维生素 B1、维生素 B2、维生素 C 和钙、磷、铁等，具有增加白细胞活性、促进肝细胞新生的药理作用，还可降血压、降血糖、血脂。

海西州红枸杞种植园众多，主要有德令哈市怀头他拉万亩红枸杞种植园，还有诺木洪五万亩红枸杞种植园。

"怀头他拉"乃蒙古语，意为"西南的庄稼地"，距离德令哈市区 50 千米，隶属于德令哈市。

金秋时节，在怀头他拉镇，放眼万亩枸杞园，郁郁葱葱、枝繁叶茂，一颗颗成熟的小红果缀满枝头，像一片红灯笼。摘工们穿梭在田间地头，俯身认真采收枸杞，展现出一片忙碌丰收景象。一片片火红的铺满晾晒场的红枸杞像红色的海洋，在蓝天雪山的映衬下，让戈壁滩多了一道独特的风景，也映红了他们红红火火的好日子。

怀头他拉镇坚持以绿色发展引领乡村振兴，持续引导优化枸杞种植，不仅给戈壁增加了绿色，改善了生态环境，还取得了良好的经济效益。据了解，怀头他拉镇种植枸杞面积 11000 亩。枸杞不但防沙固沙，还撑起了海西人的"腰包"。红枸杞成为乡亲们的"摇钱树"。

同时，枸杞销售和旅游联手，利用青藏铁路公司的旅游专列，让德令哈的枸杞搭上旅游"快车"。"星空之城"旅游专列开通后，在枸杞地里搞起来采摘体验，游客到了可以自己体验摘枸杞的乐趣，摘下的新鲜枸杞按价出售，仅仅两个月时间就接待了 1800

红似玛瑙的枸杞

多名游客。

有机认证，柴达木红枸杞具有走向世界的"通行证"。

2022年12月，青海枸杞"柴达木"品牌发布会28日在西宁举行，会上发布了《中国青海"柴达木"枸杞》白皮书。据白皮书内容显示，截至2021年6月，青海有机枸杞种植认证面积占中国总认证面积的78.9%，有机枸杞加工产量中青海占中国的97.8%。

"柴达木"枸杞产区地处世界"四大超净区"之一的青藏高原腹地，由于太阳辐射强，空气干燥，制约了各种病虫害的发生，加上远离工厂矿区，为有机枸杞产业提供了良好的发展环境。

2018年始，青海省在中国率先启动了有机枸杞基地认定工作，并公布通过有机枸杞基地认定的企业名单和种植面积，全面接受社会监督。"柴达木"枸杞也先后获得农业农村部颁发的国家农产品地理标志登记证书，核心基地通过欧盟ECOCERT、德国BCS、色瑞斯CERES等国际知名认证机构和中国农业农村部绿色认证。

格尔木的黑枸杞，名噪四海

黑枸杞属于枸杞的一种，最早主要为野生。

黑枸杞主要作用有滋补益肾、强身健体，被誉为"滋补软黄金"；另外，黑枸杞含有大量的花青素，是目前自然界花青素含量最高的植被，而花青素被称为"口服的皮肤化妆品"，经常食

黑枸杞

用可以美容养颜抗衰老；而且黑枸杞还有安神助眠、护眼明目等功效。

正因为黑枸杞富含花青素，具有"滋补""美容"等功效，一度被资本无限量放大，使格尔木草原上盗采野生黑枸杞破坏环保生事件成为全国瞩目的轰动事件。商家闻风而动，人工种植遍地开花。资本助推，价格推到天价，当人工种植的黑枸杞替补登场，供大于求，价格瞬间遭遇滑铁卢，从高空跌到地面。自此，黑枸杞神话复苏破灭，尚待时日。

从黑枸杞本身的商品属性来说，它被过度虚高估价，加之违背市场规律的人为炒作，最终它的结局只能是被市场抛弃。最终尘埃落定，现在格尔木市场的黑枸杞都在理性的价格区间，它的本来功效依然存在，作为游客可以理性购置消费，再无欺诈之嫌。

遗失的远古黄金——高原藜麦

藜麦被称为"遗失的远古黄金",被食客争相追捧。

长食用藜麦可以降低胆固醇,保护心脏。藜麦含有非常丰富的维生素 E 和叶酸,具有助孕功效。藜麦是一种碱性食品,可起到改善体内酸碱平衡的作用。藜麦生成的一种酶参与体内葡萄糖的利用及胰岛素的分泌,减少二型糖尿病的发生。藜麦属于低脂低糖低淀粉食材,可做成藜麦小米粥、藜麦大米饭、藜麦沙拉等,能防止肥胖。

高原藜麦

　　其实，藜麦距今已经有5000～7000年的种植和食用历史。藜麦的原产地主要分布在南美洲的玻利维亚、厄瓜多尔和秘鲁，具有耐寒、耐旱、耐瘠薄、耐盐碱等特性。从海平面至4千多米都有分布，食用的品种主要种植在安第斯山海拔3千米以上，降雨量在300毫米的高海拔山区。由于其具有独特的丰富、全面的营养价值，养育了印加民族，古代印加人称之为"粮食之母"。

　　青海高原藜麦主产地在柴达木盆地都兰县、乌兰县。

　　青海柴达木都兰县、乌兰县的高原藜麦，出自于生态环境优良、水质纯净、空气清新，远离污染的青藏高原高海拔地区——青海省海西州都兰县香日德镇。青海都兰的藜麦是国内公认的好

藜麦，2018年都兰乌兰两地专门办过一次全国性的藜麦大型会议（论坛），甚至有段时间都兰藜麦只做出口，价格也很高。

此外国内几家做藜麦产业的公司也在天猫京东出售青海都兰藜麦。青海都兰藜麦是原产地加工，原产地发货的高原藜麦。为了给消费者好藜麦，采用了最常用的真空包装，价格实惠。

农场秋收 蔡永生/摄

CHAPTER 14

吃在海西——
来自柴达木的味觉

德都蒙古烤全羊 海西文联提供

来青海高原海西州柴达木旅游，自然也少不了品尝本土美食，也许不合你的胃口，但俗话说一方水土一方饮食，既来之则安之，你也可以大胆品尝，也许就在不经意间会激发你的味蕾，令你大快朵颐。

高原美食特征

假如非要总结，我认为高原美食有如下几个特征：

一是高原美食形式上具有压迫感。它肯定不像内地几千年农耕文明繁衍的那么精细，无论从形式上还是味觉上，它粗粝、粗狂、暴力、横蛮，不懂江湖而又自成江湖，具有强入式、压迫感。用美食江湖术语，就叫"大碗喝酒、大块吃肉"，暴走美食江湖。

二是高原美食味觉上具有原生态。高原美食没有进入传统八大菜系，也没有进入新式八大菜系，它不想参加评比，可任人评说，它来自山野，来自草原，来自江河湖泊，也不需要桂皮草果十三香的添加和调和，它就自然地呈现，直接冲击你挑剔的味觉。

三是高原美食特殊地域滋养特殊味道。一方水土一方食。地域的天性想改也改不了。内地鸡鸭鱼虾，物产丰富，需精烹细琢，花样百出。而高原物种稀少，牛羊青稞，但这种单一的食物反而具有独到的稀有性，比如吃盐和天然牧草长大的羊，就自成江湖美味。

四是高原美食具有包容性、民族性。以蒙古族和藏族聚居的海西美食，自然不可缺少蒙古族人和藏族人的生活习性和饮食习惯，比如蒙古族、藏族人习肉食，与牛羊是天然的盟友，饮其奶、食其肉、穿其皮，并以之为图腾。但也包容内地美食，比如麻辣川味横走江湖，想堵也堵不住，接纳招安并改造，成为民族饮食融合。

也许还有第五点，但我不做归纳，留作来客和后人说。

德都蒙古全席宴，非遗美食文化盛宴

在海西州首府说美食，先说德令哈。

德令哈地界的美食，除了以上几大特征雨露均沾外，当地还将美食进行文化打造，纳入"德都文化"范畴进行考量。其中，"德都蒙古全席宴"文化艺术节于 2023 年在德令哈隆重举行。

美食＋文化：寓文化于美食，予美食于文化。

2023 年，青海、甘肃两地联合举办的"德都蒙古全席"文化艺术节，在青海省海西蒙古族藏族自治州德令哈市隆重举行。海西州各地和甘肃肃北蒙古族自治县、黄南州河南蒙古族自治县非遗传承人代表、演职人员参加了此次文化艺术盛宴。

开幕式上，身着民族盛装的演员展演了国家级非遗项目"德都蒙古全席"民俗歌剧，此次非遗盛宴受到了各族群众的喜爱和关注。

活动中还举行了国家级非遗项目"德都蒙古全席"民俗歌剧展演，祝词人、长调歌手展演，以及项目保护与传承座谈会，旨在借助"非遗"之力，赓续文化薪火，推动民俗文化创造性"活化"、创新性转化，使备受现代文明冲击而逐渐尘封的非遗根脉相续、永葆活力，大力营造全社会共同参与弘扬中华民族优秀传统，保护传承发展非物质文化遗产的浓厚氛围。

美食＋文化：寓文化于传统，予传统于文化。

美食就是文化。"德都蒙古全席"是原生态游牧文化的缩影，也是多民族多元文化交往、交流、交融的结晶。形成了高原独特节庆与文化艺术盛宴的文旅品牌，有着较高的文化艺术价值和较好经济效益，有较强的保护传承、研究开发、合理利用价值。

德都蒙古全席文化品牌，正在海西逐步形成。

美食＋旅游，美食和旅游联手，美食以文化助阵。

　　通过德都蒙古全席宴，为促进乡村文化旅游融合发展，注入新的内生动力。如今，来自全国各地的游客，在游览海西大美山川之后，总会打卡当地美食，用舌尖上的感觉全息体验海西民族风韵，带走不一样的记忆。

　　比如德令哈地域的老严炕锅、牦牛酸奶、血肠、肉肠、藏式肚包肉、蒙古糌粑等，都是本地特色。

　　在德令哈，有一条美食街不容错过。

　　碧波潺潺的巴音河东岸，从海子诗歌陈列馆出来，过桥，即可见一条美食街，当地人也叫酒吧一条街。夏季，花红柳绿，草长莺飞，游客如织，他们走完德令哈的山山水水，满身疲惫，或

德都蒙古美食大赛 杨林／摄

者刚刚从海子诗歌馆出来，神色凝重，最好的去处便是，寻找一条美食街，用美食和美酒，搭救自己。

"海子酒馆"就在桥头处。也许是经营理念的问题，它过于现代化，灯红酒绿，霓虹闪烁。也许，可以打造得不要那么商业化，更接近于诗歌，接近于平民，接近于麦田和粮食。推开它的门，要么坐下，喝一杯啤酒也行，要么干脆就扭头出来，进入步行街。

这条街道是德令哈夜晚的灵魂。

街道全长1000米左右，青砖黑瓦，麻石街面。两边都是酒吧，或与美食相关的店铺，琳琅满目，走过去，再寻觅过来，你总会找到一家惬意你的店铺，要么是酒吧，要么是茶饮，要么是电玩，要么是烧烤；一个人，或者三五好友，在寂静的高原之夜，在海子忧伤的氛围里，你举起杯，就会忘记一切！

当然，在这条街道上，重点推介是"扎西会"。

当你在海西州遭遇不到"德都蒙古全席宴"，那么在这条街上你刻意偶遇"扎西会"也是不错的。

美食 海西文联提供

扎西会是藏族餐厅，藏族老板豪爽好客，藏族姑娘笑意盈盈，藏族盛宴令你大开眼界，哈达，酥油茶，糌粑，青稞酒，熬茶和手抓，血肠和炕锅，藏族全宴，也会令你喜笑颜开。

当然，除了这条街的"扎西会"，还有不远处的"杨林全席宴"也值得浓重推介，它是典型的蒙古族餐饮，更适合大型团体聚会，也可以说是民间版本的"德都蒙古全席"。你若对高原草原美食格外有兴趣，那么不妨去一探究竟。

在这里，他们会将蒙古全席展现得尽善尽美、淋漓尽致。

来宾通过舌尖和味蕾，将会领略完全的高原和草原。

茶卡羊——海西的味蕾盛典

走出德令哈，走出城市，走向更广阔的柴达木，凭经验和饮食江湖的口碑，有两个地方的羊肉必须推介。

一是"茶卡羊"，它在青海人口碑中被称为"味蕾盛典"。

江湖有说，青海的羊喝的是冰山融水，吃的是冬虫夏草，而茶卡羊不同，它平时喝的是盐湖水，吃的是被盐湖水滋养长大的天然牧草。

就这，就决定了茶卡羊的与众不同。

茶卡羊是青海高原毛肉兼用半细毛羊，由于生长在茶卡盐湖周边的天然盐碱地牧场，牧草矿物质丰富、含盐量高，配合着周边的枸杞、锁阳、黄芪等药用植物，使得茶卡羊肉中自身就带有微微的咸味，肉质鲜美，蛋白质含量占22-28%、钙、铁、锌等

茶卡羊肉

矿物质含量均在 1.33% 以上，均远远高于普通羊，营养又美味。

在高原，吃高原。

茶卡人自己改良培育而成的茶卡羊不但味道鲜美无膻味，更能驱风御寒，强身健体，素为羊中圣品。但由于地理条件的影响，茶卡羊两年才能出栏，而且年出栏量只有不到 3 万只。

在茶卡当地，能吃上茶卡羊，都不是件容易的事。

获有"国家农产品地理标志登记证书"的茶卡羊，不仅在青海受欢迎，外地游客只要尝过，便再没有吃别的羊肉的兴致。

人说：茶卡归来不食羊！

尕斯羊——茫崖的舌尖怒放

出了德令哈，再往西，500 千米开外——天边的茫崖就在眼前。

在这里，你可以观赏到令人沉醉的茫崖翡翠湖，可以领略"我为祖国献石油"的花土沟工业文化，拜谒油砂山、顶礼千佛崖，还可以横渡尕斯湖，打卡艾肯泉，最后，疲惫的你可以探秘花土沟的夜市，寻找一种叫"尕斯羊"的高原美味，这绝对不能错过。

茫崖尕斯羊为什么好吃？

"尕斯羊"，顾名思义，就是生长在尕斯湖草原的羊。

海西州茫崖市花土沟镇西南角镶嵌着一张地理名片：尕斯库勒湖，简称尕斯湖。位于东昆仑花草山和英雄岭这个花土山之间，湖水面积约 140 平方千米，为特大型石盐盐湖矿床。这里丰富的盐碱养育出柴达木盆地最西部土生蒙古羊中的卫拉特羊，简称尕斯羊。

那么，八百里瀚海深处的尕斯羊为什么这么好吃呢？

从历史看，尕斯草原古代就为游牧民族的主要驻地和丝绸之路青海道过往商人的休息和给养补充地。先后有羌人、回纥、吐谷浑、吐蕃、蒙古等民族在此生活过。人群聚居，适者生存，地杰人灵。

尕斯草原富饶的山水养育了各族人民，形成一条通往新疆的要道，基本走向是古丝绸之路通过青海湖，穿越柴达木盆地，取道尕斯，抵达古西域（今新疆），这条通疆大道在历史的长河中生生不息、绵延不绝，如今茫崖的交通网络正是在丝绸古道上借古开新。

茫崖，是古代"羌中道"的必经之地，这个"道"因有游牧的羌族而得名的。"羌"这个字，就是羊人、牧羊人的意思，可见此地自古就是牧放之地。20 世纪 50 年代，在阿拉尔草原曾出土了一批精美的古代织锦。据考古专家鉴定，该墓葬的历史时期是宋代，其中有国宝级文物灵鹫纹锦袍等。文物服装面料上"羊"

的图案清晰可见，构图饱满，均为成双成对完美造型，这就是"尕斯羊"的最早形象！

从地理看，花土沟天然草场主体在尕斯湖周边和昆仑山腹地，蒙古族群众传承尕斯陶海文化，在大山和大湖之间按传统方式轮牧放养。以绵羊为主的跑山、转湖羊儿四季在平均海拔 3000 米的高山草甸、荒漠草原、河湾湿地之间转场，漫步小跑成为常态，在山里还要防狼、熊、鹰等袭扰，练就了一身体质结实的腱子肉。

从气候看，荒漠区类型适应大尾巴羊的生长。茫崖处于柴达木向塔里木盆地的气温过渡带，形成一个间接的"暖温带"，这里日照时间长、干燥少雨，尕斯羊耐寒性好，适合在相对严酷的环境里生长。

从草场特点看，中药植物为尕斯羊的天然滋补上品。在湖河周边以芦苇草、冰草、芨芨草为主的碱性建群草补盐分，调整肉质的 pH 值；在大山里有针茅草（蒙古语夏仍）、小白蒿（蒙古语阿给）为主的优质牧草补膘，羊四季均可吃。

而且，阿拉尔草原有罗布麻、蓬碱草等，代尔森草原有芨芨草、锁阳、白刺果、披针叶、野决明等，双石峡有红砂、黄花、金露梅等，吃这些中医药用植物让尕斯盐滩碱羊更加肉质鲜美细嫩。

尕斯羊肉质还富含锶、钙、铁等，因阿尔金山属富锶地带，潜水径流到茫崖镇水源地，富锶水经阿拉尔河、铁木里克河、呼伦河流经广袤的阿拉尔草原，将锶带入尕斯湖和环边牧草土壤。从水质看，多种微量元素保持了尕斯羊的绿色和生态。

基于以上因素，造就了"尕斯羊"这一绿色优质品牌。当旅游大门打开，肉质优良的尕斯羊被省内外所关注，成为代表茫崖

市生态、有机、绿色、健康畜牧产品的一张名片！

　　尕斯羊，就繁衍在千年以来的尕斯优质牧场，流传200余年的蒙古族长调、草原名歌《尕斯湖畔的白芨芨草》曾在维也纳金色大厅演唱，赞美这片草原的神奇和丰美。

骆驼奶：莫河驼场的红色味觉

　　在海西州乌兰县有一个驼场，前边的"博物馆"章节已经简要陈述过它的光辉史记，在这里，将打点他们的红色味觉。

　　莫河驼场的红色记忆，是革命先辈血肉筑就的一条希望之路，它与"西藏解放"和"青藏公路"修筑紧密相连，是"两路精神"的摇篮。历史的天空里红旗招展，如今，它们的根脉停靠在海西州都兰县莫河驼场，回应着历史的呼应，赓续着未来的发展。

当十万峰骆驼远去，史册彪炳。

当百万峰骆驼远去，山川弥新。

如今，在莫河的草原上，骆驼正在以工业化的方式圈养。那些跋涉青藏高山大川的骆驼的后裔们，正在以咀嚼的方式回忆先辈的壮烈，正在以静默的方式感念曾经的辉煌，也正在以感恩的方式与日月同辉茁壮生长。

距都兰县 70 千米，莫河驼场，那里有永不磨灭的历史记忆。

缅怀历史，我们转身就照见那些曾为共和国奠基的英雄们。

虽然，它们是骆驼；但，它们是活着的史记。

如今的戈壁驼场焕发新生机，成千上万峰骆驼，在和平盛世里生生不息，壮心不已。2020 年末，莫河驼场各类牲畜存栏数共计 7434 头（只），畜牧业实现销售收入 867 万元。荣获国家地理标识认证"茶卡羊"品牌的主产区，年可出售茶卡羊肉 500 吨。

骆驼作为交通工具，已经退出历史舞台。

骆驼作为旅游产品，在北方的戈壁沙漠依旧市场更新。

一度时间，骆驼奶成为市场宠儿。

骆驼奶又称"沙漠白金"，是奶中珍品，营养价值远远高于一般动物的乳制品。《本草纲目》记载：驼乳，冷，无毒，补中益气，壮筋骨，令人不饥。联合国粮农组织称，骆驼奶能增强身体的抵抗力，除了富含维生素 C 以外，还含有大量人体所需的不饱和脂肪酸、铁和维生素 B。

驼奶能够协助糖尿病患者削减对胰岛素的需要，还有预防疾病、增强体力、延缓衰老、预防儿童佝偻病、降低胆固醇、降低血糖、改善乳糖不耐症、乙肝转阴等功效。

功效被认知，骆驼奶风靡全球。

当然，也有功效被放大的误导。

但作为海西州都兰县莫河驼场，将依托距茶卡盐湖直线距离只有 10 千米的地缘优势，聚力提升旅游产业，带动传统一、二产业发展，进一步提高莫河驼场肉奶附加值，力争实现莫河驼场二次辉煌。

来到海西州，品尝骆驼奶，你将不虚此行。

驼铃声声 乌兰文旅提供

CHAPTER 15

泡汤文化——
雪山下的温泉浴

雪山下的温泉

雪山温泉在大柴旦镇，距德令哈 328 千米。

大柴旦位于中国青海省北部，柴达木山西南麓，大柴旦湖畔。

大柴旦是柴达木盆地重要的交通枢纽，千里抵达，万里奔赴，大柴旦都守护着车轮飞驰的底线和行为边界。在大柴旦，你可以车轮飞驰视而不见，或者熄火下车，加油方便，一般不会停下，也不会驻歇一个晚上。大柴旦也匹配匆匆而过，不带走一丝云彩。要是住下，肯定是为了爱，或者是去山里泡温泉。此外，你的理由不会太充足。

大柴旦的前世今生

开门迎客，那就先说说大柴旦的前世今生吧。

"大柴旦"意为大盐泽，因湖而得名。

历史上，大柴旦为固始汗第八子桑格尔扎的封地，为蒙古族左翼盟和硕特部北左旗，旗长俗称可鲁沟贝勒。

大柴旦，是古丝绸之路青海道北线上的重要驿站，经此，翻越当金山，可达敦煌阳关玉门关。

20 世纪 50 年代，大柴旦曾是柴达木行政委员会所在地，60 年代是海西蒙古族藏族哈萨克族自治州的州府，曾经繁极一时。1964 年，撤市改镇，1968 年州府迁至德令哈市。

大柴旦于 1956 年开始建设，因 20 世纪 50 年代中期开发柴达木的地质勘探队员进驻盆地在此集结，且柴达木石油人在此建设基地，曾青海石油勘探局机关落户在此，只是时间很短。一段时间，大柴旦也是荒凉的柴达木盆地的一处繁华所在。

如今，大柴旦是"敦（甘肃敦煌）格（青海格尔木）公路"和"国道315线"的中间枢纽，担纲重要的交通驿站。

大柴旦矿产资源丰富，主要有硼矿、黏土、煤矿，是中国硼的重要生产地，尤其是大小柴旦湖含丰富的三氧化二硼。大柴旦湖还含氯化铝等。工业以电力、机械、冶金、汽修、制氧、化学工业为支柱。

大柴旦的地理景观

大柴旦面积约1.1万平方千米，人口约2万。

大柴旦东通德令哈市、西宁市，西通茫崖，北通新疆，南抵格尔木。地处柴达木盆地腹部，东北高西南低。

自然条件较差，地貌以戈壁滩、沙丘、高山为主。平均海拔3173米。属高原温带大陆性气候，年平均气温0.8℃，平均年降水量82毫米。

大柴旦，被高山圈养。

北有党河南山、土尔根达坂山、柴达木山、绿草山等，它们都属于祁连山脉，主峰都在雪线以上，其中柴达木山主峰有5701米，古尔班宝山主峰高5600米，哈尔达坂主峰高5520米。

高山孕育大河，境内还有塔塔河、大哈勒腾河、马海河、鱼卡河等；湖泊有大柴旦湖、小柴旦湖、西台吉乃尔湖等。

有趣的是，河流都是淡水河，而这里的湖泊则都是咸水湖。

因此，大柴旦的湖泊（翡翠湖），是网红打卡的大漠盛景。

大柴旦，近些年的发展非常迅猛，城镇建设日新月异，特别是政府建筑物高大巍峨，气宇轩昂，并不比内地逊色。相反，这里的大理石路面和花岗岩楼体，似乎总有些不协调。

从大柴旦街道穿过，若在夏季，你会感受到浑身特有的凉爽。在这里，全年平均气温不到 1 度，所以夏天不需要空调，非常适合避暑。就是中午，也不需要单衣短袖，假若太阳下山，最好穿上外套，这才是夏季大柴旦最好的匹配。

也就是说，一年四季，这里都可以洗温泉。

大柴旦的天然温泉，吸引了众多游客到此一"浴"。

飞珠溅玉 海西州文旅提供

大柴旦的温泉

温泉位于大柴旦镇北 10 千米处的达肯达坂山。

温泉水温 80~90℃，水中含有多种矿物质，可治疗皮肤病和关节炎等病。这也是大柴旦独有的温泉资源，并受到广大游客青睐。

温泉沟里一共有 109 个泉眼，集中分布在上游 60 平方米的范围内，其中温泉就有 61 个。中国科学院青海盐湖研究所曾经在这里做过详细的实地调查，这里具备温泉形成的两个必备条件：热源和水源。这里的石炭系和前震旦系地层经过多次地质构造运动，形成了一条长 60 余千米、宽 10 千米的断裂挤压破碎带。地下水就是通过这条断裂破碎带循环，经岩浆导热而成为地热资源。

调查显示，泉水里富含氟、硼、氡、偏硅酸、镁、钙等对人体有益的矿物质和微量元素，再加上这里水温高，是一处对皮肤病、心血管疾病等病症就有着很好的功效，还能促进血液循环、调节神经系统、改善肠胃功能的罕见的医疗温泉。泉水温度一般在 80 摄氏度左右。就是炎热的夏季来这里游玩洗浴，也会看到团团蒸汽，云蒸霞蔚。

从大柴旦去温泉，可以打的，可以租车，当然最好还是自驾。

达肯达坂雪山是大柴旦最醒目的显著地标；大、小柴旦湖是它最迷人的天域之镜；神奇的雅丹地貌是它最诱人的大地奇观；圣洁的雪山温泉是它慷慨馈赠人间的瑶池仙境。

这里流泉如银，水雾氤氲，仙风和煦。

其乐融融 海西州文旅提供

　　相传这里是西王母和七仙女沐浴的地方，更是丝绸之路上南来北往的商贾僧侣和各国使节休整洗浴、驱除疲乏的重要驿站。

　　在温泉沟上游的巨石上至今还保留着古梵文和古藏文的石刻：祈愿众生，神泉洗浴，得到超脱……

温馨提示：

1. 进入泡汤区域，必须穿戴泳衣、泳裤及消毒拖鞋。

2. 儿童泡汤须随时有成人陪同，并不得进入水深区。

3. 选择适合自身温度及水深的温泉池泡汤，每次泡汤时间15 分钟为宜。

4. 大柴旦雪山温泉的门票：成人票 118 元，大柴旦本地户籍居民享受 48 元优惠票，游客有军官证、残疾证和 1.4 米以下的儿童半价收费。

当你走遍柴达木的戈壁和荒漠，满身疲惫和困乏，那么，大柴旦的温泉将是你最终的落脚之地。在这里，蓝天白云下，你洗去浑身尘埃，如获新生，双脚脱俗，犹如超凡。

海西州，柴达木，自此入梦，永生难忘！

后记

　　初接此书创作任务的时候，有点掉以轻心了。当进入创作状态，构思、采访、书写，才发觉这仅仅的十来万字并不轻松，或者说，它的复杂程度超过了同等量的纯文学创作。

　　主要是信息量繁杂、琐碎。点点滴滴，面面俱到，还得索源求真。加之西北天阔地广，一趟不完全的探行就得上万里，舟车劳累。

　　总结起来，海西州旅游有以下几个特点：

一是地域广大。一个海西州仅仅是整个柴达木盆地，就是25万平方千米，面积相当于很多个省，也相当于欧洲很多个国。一个镇到一个镇，就是四五百千米，相隔着广袤的无人区。不要说车轮所至，人脚所到，就是凭想象，思绪也得飞好一会儿才能抵达。

二是景点分散。仅仅海西州州府所在地的德令哈，并没有多少景点可言，比如内地的亭台楼阁道观佛寺，在这里就很少见。能见，也并不是景。这里是大山大川、大江大河，车轮一转就是几百千米才能见到人烟，眼量一放，就是十万山川。

三是采访艰难。大西北气候恶劣，五月份才草木发芽、草长

心影 申海兰/摄

莺飞，而十月份已经冰雪覆盖、万木霜天。草木生长期很短，旅游期也很短，景区往往是半年开张半年关。有的还不到半年。赶上冬季去景区采访，山河歇业，门已落雪，景点关闭。

但必须完成任务，所以，再艰难也得完成，去打卡，去见证，去经历，去感受，去联络。好歹总算一个一个摸排过来，收集起来，归纳起来，有了印象，有了大纲，有了支脉，有了细节。才有了笔尖芬芳。两个多月的熬炼打磨，才有了如释重负的收笔。

也许，还有更多的思考。

但，就从本书全视角的文旅扫描来看，风景瑰丽、地理奇特、

夕阳下的阿拉尔河 卫建民／摄

人文丰富的青海省海西州文旅，既有可圈可点大放光彩之处，也还有大设计、大制作、大开发和大繁荣的余地。

这片高地，值得期待。

当然，此书能成，必须对以下单位和个人心存谢意。

要感谢青海省海西州州委宣传部及德令哈市、格尔木市、乌兰县、都兰县、茫崖市等文旅局的支持；特别要感谢海西州文联王韬主席、李占国副主席的厚爱，感谢海西州作协副主席吴海燕女士的温暖协作。对于本书照片和资料的支持，要感谢海西州原摄影协会主席、德都蒙古文化非遗传承负责人乌席勒先生，感谢摄影家蔡永生先生，感谢茫崖市摄影协会主席卫建民先生，感谢海西州摄协主席（格尔木市摄协主席）何启金先生，感谢摄影家胡林庆、窦寿、姜鸿、李庆霞、樊文宏、从翔、陈静等提供的精美图片，同时感谢德令哈市文旅局局长才茜龙和蔡玲女士，乌兰县文协负责人、诗人马穆先生，格尔木市作协副主席、作家梅朵女士，格尔木市作协副主席、诗人陈劲松先生，盐湖集团作协主席吴光亚先生，茫崖市文旅局唐拓华先生、茫崖市作协主席梁卫先生，冷湖"火星营地"袁振民女士等不厌其烦提供的协助，一并致谢！

最后，期待海西州文旅花开，光耀瀚海！

图书在版编目（CIP）数据

带一本书去海西 / 曹建川著 . -- 北京 : 中国民族文化
出版社有限公司 , 2024. 8.（2025.1 重印）--（中国这么
美的 30 个自治州）. -- ISBN 978-7-5122-1933-5

Ⅰ . K928.944.2

中国国家版本馆 CIP 数据核字第 2024XL4747 号

带一本书去海西
Dai Yi Ben Shu Qu Haixi

总 策 划	刘彦明
执行策划	赵　天
作　　者	曹建川
责任编辑	张　宇
封面摄影	卫建民
排　　版	王韦韦
责任校对	李文学
出 版 者	中国民族文化出版社　地址：北京市东城区和平里北街 14 号
	邮编：100013　联系电话：010-84250639 64211754（传真）
印　　刷	小森印刷（北京）有限公司
开　　本	710mm×1000mm　1/16
印　　张	18
字　　数	180 千字
版　　次	2024 年 10 月第 1 版
印　　次	2025 年 1 月第 2 次印刷
标准书号	ISBN 978-7-5122-1933-5
定　　价	78.00 元